ESSAI SUR LES RÉFORMES

DES

INSTITUTIONS POLITIQUES

DE LA FRANCE

PAR

JOSEPH EBOR

PARIS

GUILLAUMIN ET Cie, ÉDITEURS

De la Collection des principaux Économistes, du Journal des Économistes,

du Dictionnaire de l'Économie politique,

du Dictionnaire universel du Commerce et de la Navigation, etc.

RUE DE RICHELIEU, 14

1877

ESSAI SUR LES RÉFORMES

DES

INSTITUTIONS POLITIQUES

DE LA FRANCE

PARIS. — TYPOGRAPHIE A. HENNUYER, RUE D'ARCET, 7.

ESSAI SUR LES RÉFORMES

DES

INSTITUTIONS POLITIQUES

DE LA FRANCE

PAR

JOSEPH EBOR

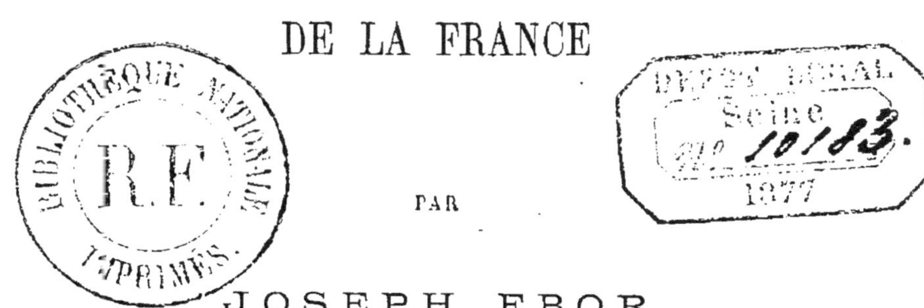

PARIS

GUILLAUMIN ET Cie, ÉDITEURS

De la Collection des principaux Économistes, du Journal des Économistes,
du Dictionnaire de l'Économie politique,
du Dictionnaire universel du Commerce et de la Navigation, etc.

RUE DE RICHELIEU, 14.

1877

ESSAI SUR LES RÉFORMES

DES

INSTITUTIONS POLITIQUES

DE LA FRANCE

Un siècle ne s'est pas encore écoulé depuis que le peuple français a reconquis sa souveraineté, et cependant il a subi dix-huit constitutions ou actes constitutionnels (1), trois révolutions, deux coups d'Etat et trois invasions ; la dette publique atteint le chiffre énorme de vingt milliards. En présence d'un tel résultat, il est bien permis de penser qu'il existe un vice, soit dans les institutions, soit dans les différents modes de gouvernement expérimentés, et de rechercher les moyens d'y remédier.

La lutte électorale de 1876 s'est livrée, non entre le principe libéral et le principe autoritaire, mais bien entre la forme républicaine et la forme monarchique. Tous les programmes, toutes les professions de foi ont affirmé la république conservatrice ou la conservation sociale ; ils ont indi-

---

(1) 3-14 septembre 1791 ; 24 juin 1793 ; vendémiaire an II ; 5 fructidor an III ; 19 brumaire an VIII ; 22 frimaire an VIII ; 16 thermidor an II ; 18 mai 1804 ; 9 août 1807 ; 4 juin 1814 ; 22 avril 1815 ; 6 août 1830 ; 4 novembre 1848 ; 2 décembre 1851 ; 14 janvier 1852 ; constitution Rivet ; constitution du septennat ; constitution du 25 février 1875.

qué suffisamment une entente entre les électeurs et les élus, qui ne sont divisés que sur la manière de gouverner, pour garder et les principes et les institutions politiques que nous nous sommes donnés ou laissé imposer, et dont l'application nous a donné les crises aiguës que nous avons traversées.

Ces institutions et ces principes garantiront-ils la sécurité individuelle lorsque arrivera l'époque de la révision de la constitution? Cette époque est ardemment désirée par tous les partis, qui alors combattront pour la domination et l'établissement du gouvernement préféré par le vainqueur, et non pour celui qui convient à nos mœurs et à nos aspirations. Les trois années qui nous séparent de cette date sont une durée relativement courte, si l'on considère qu'une idée non vulgarisée est toujours regardée comme inapplicable et une utopie; qu'elle n'est discutée qu'au bout d'une certaine période de temps, et que ce n'est qu'après bien des années qu'elle passe de l'état théorique à l'état pratique. Déjà, lors des élections de 1863, l'opposition luttait en revendiquant le gouvernement du pays par le pays, et il est fort douteux qu'au moment actuel le pays soit en possession de faire ses affaires par lui-même.

Dans tout gouvernement, il faut considérer ses principes ou le droit qui le dirige; ses institutions politiques ou son statut social; les motifs qui le font agir, son esprit ou sa morale. Pour atteindre notre but, nous exposerons sommairement les droits et les pouvoirs politiques, l'objet de la délégation ou du mandat, les formes des gouvernements, la situation politique de la France et les réformes qui peuvent être faites utilement.

I.

LES DROITS.

Les gouvernements sont régis par trois grands principes : le droit naturel, le droit divin et le droit humain.

1° *Le droit naturel.* — L'homme, en naissant, apporte toutes les facultés nécessaires pour penser, agir et remplir tous les actes privés et sociaux. Sa liberté a pour limite celle d'autrui ; mais, comme plusieurs activités peuvent se rencontrer, s'annihiler et produire des conflits qui lèseraient le droit, elles ont besoin d'une réglementation, qui est la loi, dont l'objet et le but sont de faciliter l'exercice du droit.

La liberté suppose une volonté libre d'agir ou de ne pas agir, le choix des voies et moyens et la responsabilité de l'acte.

Les phénomènes moraux, intellectuels et physiques dépendent des lois auxquelles le Créateur a assujetti l'univers, et que l'homme doit chercher à connaître pour se bien diriger dans l'accomplissement de sa destinée.

L'application du droit naturel, que l'on dénomme aussi *droit individuel*, parce qu'il protége l'individu dans l'expansion de son activité, est caractérisée par l'instruction qui apprend la connaissance des différents droits, des différentes formes de gouvernement et de leur fonctionnement, qui indique comment les richesses sont produites, réparties et employées.

2° *Le droit divin.* — Dieu, en créant l'homme, ne lui a pas accordé toutes les facultés voulues pour connaître les lois des phénomènes terrestres et célestes et les rapports qu'ils ont entre eux, ni pour se diriger dans l'accomplissement de sa destinée. Il surveille sa pensée et ses actes, lui révèle, soit directement, soit par des personnes de son choix, ce qu'il doit faire. Ces intermédiaires sont ses représentants ; ils dictent à l'homme, qui leur doit obéissance, ses actes et sa pensée.

Ce droit est appelé *divin* parce qu'il émane de la volonté divine. Il est caractérisé par la foi, qui est une croyance aveugle, exclusive de toute liberté de penser et d'agir, et de toute instruction autre que l'instruction que les gouvernements jugent à propos de donner.

3° *Le droit humain.* — Ce droit participe à la fois du droit naturel et du droit divin. Il cherche à les concilier. Il suppose que l'homme naît avec des facultés imparfaites pour sa destinée, mais qu'il les augmente en les développant par l'instruction.

Il a aussi pour cause l'abus de la force, et le besoin que les victimes de cet abus ont éprouvé d'établir des règles obligatoires pour tous.

Il limite l'activité par la loi. Celle-ci crée le droit ; elle est édictée par la majorité des volontés exprimées ; elle est alors considérée comme la raison humaine substituée à la raison naturelle.

C'est de lui que dérivent le droit social et le droit tyrannique.

Le droit social est celui qui a pour objet de réglementer l'activité humaine, la production, la répartition et l'emploi des richesses, dans le but de favoriser l'intérêt général sans tenir compte de l'intérêt privé et de la nature des choses. Son application est déterminée par la seule impression des gouvernants, qui, avec la faculté de convertir leur volonté en lois, finissent par prendre pour la raison sociale leurs

passions, leurs rancunes, leurs idées, leurs intérêts (1);
par commettre des excès et des abus dont la conséquence
est de pervertir les sociétaires, qui, pour s'en défendre,
emploient des moyens souvent peu scrupuleux; par fausser
le sens moral public et par faire désirer leur renversement.

Le droit tyrannique trace les règles à suivre et les mesures à prendre pour la préhension des pouvoirs et pour gouverner despotiquement sous les apparences de la légalité.
Il est aussi dénommé *droit césarien*, du nom de *César*, qui
l'a mis en application à Rome par la suppression du gouvernement républicain ; il est vulgarisé en France sous le
nom de *bonapartisme*, du nom de *Bonaparte*, auteur du
18 Brumaire. Son application succède à celle du droit social. Elle devient possible, souvent nécessaire, chez les nations qui sont gouvernées par les principes socialistes, qui
ont perdu les vertus politiques qui leur font supporter
stoïquement les excès, les abus de la loi et des gouvernants,
qui ont leurs classes dirigeantes corrompues par des richesses mal acquises, et dégénérées par la satisfaction des
appétits matériels, chez lesquelles la masse du peuple est
ignorante, inconsciente et sans éducation. Les ambitieux,
les insolvables et les déclassés prêchent le respect des lois,
qui ne sont plus respectables, étant devenues des machines
de compression et de spoliation, ou étant appliquées sans
discernement et avec partialité; ils promettent la sécurité

---

(1) Le mot *socialiste*, suivant le point de vue auquel on se place, a
trois significations principales : 1° le socialiste proprement dit est
celui qui fait avec désintéressement le sacrifice de sa personne et de
ses biens dans l'intérêt social ; 2° celui qui sacrifie l'intérêt d'un
membre de la société au bénéfice de celle-ci; 3° celui qui, en vue
d'un bénéfice personnel, exige que son semblable fasse des sacrifices
dans l'intérêt de la société.

des personnes et des biens, qui n'existe plus ; une répartition plus équitable des richesses. Par ces promesses, qui
sont toujours reçues avec faveur par les ignorants, et par la
brigue, ils se font nommer aux fonctions publiques ; ils
profitent de leur position pour s'emparer des pouvoirs par
la ruse, la fraude et la violence, et pour les exercer d'après
leurs caprices.

II.

LES POUVOIRS.

Toute société a un objet, un mode de fonctionnement,
des rapports avec ses sociétaires, qui en ont aussi entre eux.
Pour être régulier, ce fonctionnement doit être ordonné et
régi par des règlements. Le créateur de cette réglementation est le pouvoir législatif.

Il faut que les lois soient appliquées pour atteindre leur
but. Leur application demande une force compressive.
Cette autorité est le pouvoir exécutif.

Le législateur peut créer des lois violatrices et spoliatrices des droits individuels, le pouvoir exécutif agir en
dehors de ses pouvoirs, commettre des excès et des abus
dans leur application ; des conflits peuvent se produire
entre les gouvernants et les gouvernés, et entre les sociétaires, sur l'étendue de leurs droits et sur le mode de les
exercer. L'appréciation de ces prétentions contraires et de
cés conflits d'intérêts doit être faite, afin d'éviter l'abus de
la force, de la ruse et de la fraude, par des tiers désinté-
ressés, dont la puissance forme le pouvoir judiciaire.

III.

L'ADMINISTRATION INTÉRIEURE.

La vie sociale, c'est-à-dire l'ensemble des actes de l'homme vivant en société, exige, pour se produire utilement, la sécurité des personnes, de l'activité et de l'épargne ; la préservation des maladies pestilentielles ; le développement des connaissances intellectuelles, morales et physiques ; la facilité des voies et moyens de communication ; la gestion des choses affectées à des services publics ou qui sont la propriété du corps ou d'une portion du corps social ; le choix des mesures à prendre pour l'utilité générale, et, enfin, la défense sociale contre les attaques extérieures.

L'ensemble de ces mesures constitue l'administration intérieure, connue sous les différentes dénominations de Police, Salubrité, Instruction publique, Gestion des biens communs, Travaux publics, Industrie, Commerce, Agriculture, Beaux-Arts, Finances, Affaires étrangères et Administration de la guerre. Elles doivent être produites, étudiées, autorisées, assurées pour les dépenses, exécutées et contrôlées. L'on appelle ces formalités : Initiative, Instruction, Délibération, Votation des dépenses, Exécution et Contrôle.

IV.

LA DÉLÉGATION OU LE MANDAT.

Le mandat est la mission que l'on donne à autrui de faire quelque chose pour soi. Pour qu'il existe, il faut que son objet soit déterminé, car, s'il ne l'était pas, le mandataire ignorerait ce que son mandant veut de lui; il pourrait substituer sa volonté à celle de son commettant et agir dans son propre intérêt. En agissant ainsi, il ne ferait plus l'affaire d'autrui, mais la sienne.

Le mandant est tenu d'exécuter les obligations prises par le mandataire dans les limites du mandat; il peut s'affranchir de celles qui sont prise en dehors. Le mandataire est obligé de rendre compte de son mandat.

Chez les nations régies par le droit individuel, ces principes sont appliqués en matière politique comme en matière civile. La différence qui existe entre ces deux matières se trouve dans le mode de conférer le mandat et dans celui d'en rendre compte.

Il y a une distinction à faire entre les mandats législatif, administratif et exécutif.

1° Le mandat législatif est limité par les principes du droit individuel, que le législateur est tenu de respecter dans la confection des lois. Son objet est encore déterminé et spécifié dans l'entente qui s'établit lors des élections entre les électeurs et les candidats, soit par les professions de foi de ces derniers, soit par les programmes des comités électoraux, qui précisent les questions d'organisation et de réforme qui s'agitent à ces époques.

Les électeurs apprécient les actes de leurs législateurs par la publicité de l'instruction, des séances, des comptes rendus, et par des rapports faits, ou par des discours prononcés par les élus dans des réunions publiques.

La sanction pour les abus consiste en ce que le juge refuse d'appliquer les lois qui violent le droit individuel, apportent une entrave dans son exercice, ou qui heurtent le bon sens, l'équité et la justice; et, pour les cas d'infidélité ou d'incapacité, elle se manifeste par la désapprobation de l'opinion publique et le défaut du renouvellement du mandat.

2° Dans le mandat administratif, il y a à distinguer entre l'objet du mandat, la manifestation de l'opinion publique et la manière dont les électeurs peuvent se rendre compte de la gestion de leurs mandataires.

L'objet de ce mandat est défini et limité par la loi. L'élection ne porte que sur le choix des personnes; néanmoins, elle roule toujours sur des réformes ou des modifications à apporter à la constitution de l'être moral, aux principes des impôts, et sur des questions d'administration qui sont posées dans les programmes et les professions de foi.

3° Le mandataire exécutif doit renfermer ses actes dans les limites de ses fonctions, définies et déterminées par la loi. Il commet un abus de pouvoir lorsqu'il sort de ses attributions ; il est responsable du préjudice.

Dans les gouvernements autoritaires, les principes du mandat sont diamétralement opposés à ceux du droit commun. Les gouvernants limitent les droits des électeurs à la simple nomination de leurs délégués, qui, une fois nommés, sont libres de faire et d'agir, suivant leurs idées, leurs passions et leurs intérêts; ils ne sont astreints à aucune reddition de compte, ni à aucune responsabilité. La seule voie de recours ouverte aux gouvernés contre les excès et les abus est la force.

Frappée des abus criants qui résultent de l'application de ce principe, une certaine fraction d'autoritaires propose de déterminer et l'objet du mandat et les moyens d'exécution. Ce système présente aussi de graves inconvénients. Il oblige le corps électoral à être réuni en permanence pour recevoir les communications des élus et leur envoyer des instructions. Il est impraticable en France.

Le mandat, pour tout homme honnête et éclairé, est toujours obligatoire ou impératif quant à son objet ; il ne l'est pas pour les voies et moyens d'exécution, qui dépendent souvent de circonstances imprévues.

V.

LES PRINCIPES DES GOUVERNEMENTS.

L'ensemble des pouvoirs législatif, exécutif, judiciaire et administratif constitue l'état ou le gouvernement de la nation. Les principes qui régissent les Etats sont au nombre de deux : le principe libéral et le principe autoritaire.

Les principaux caractères du gouvernement libéral sont :

1° La libre expansion de l'activité humaine est la règle ; elle n'est limitée que par une défense légale.

2° Les pouvoirs des gouvernants sont limités et définis par la loi. En cas de conflits, les gouvernants sont obligés de justifier leurs pouvoirs, qui sont toujours restrictifs.

3° La loi ne doit pas violer ni spolier les droits individuels, dont les principaux sont ceux de réunion et d'association, ni régler la pensée humaine ; elle réglemente seulement les choses pour faciliter la production et les échanges ; elle est simplement protectrice et répressive.

La limitation de l'activité humaine engendre une multitude de lois, qui finissent par se contredire ; les lois, des interprétations, des commentaires, des instructions, une diversité de jurisprudence, qui ont pour résultat le chaos dans leur application, et la nécessité d'un personnel nombreux de fonctionnaires, une bureaucratie gênante et tracassière dans la direction des actes et de la pensée de gouvernés.

4° La liberté de l'enseignement existe, car le gouvernement libéral n'est appliqué que chez les nations instruites, éclairées et éduquées, et les Etats ont pour habitude de faire porter leur enseignement sur des matières qu'ine contrarient pas leur politique.

5° Les gouvernants sont responsables, avec l'être moral qu'ils représentent (1), du préjudice qu'ils occasionnent par leurs actes commis en dehors de la loi.

Cette responsabilité moralise la nation, éloigne des fonctions publiques les médiocrités et les incapacités ; elle entrave les révolutions et les coups d'Etat.

6° La responsabilité a pour conséquence la séparation des trois pouvoirs ; une force n'est arrêtée que par une autre force ; l'homme est sujet à errer ; il a un penchant naturel à ne pas croire à son erreur, à ne pas la reconnaître, à abuser de sa puissance pour profiter de l'activité d'autrui.

Quand le législateur a le pouvoir d'ordonner et d'exécuter, s'il a sous sa dépendance le pouvoir exécutif, il édicte des lois qui ont pour objet, non les choses, mais la domination, l'affaiblissement des adversaires et la conservation des pouvoirs. Il en est de même lorsque l'exécutif domine les législateurs par la candidature officielle, les faveurs, la prorogation et la dissolution.

Si les gouvernants apprécient eux-mêmes les contestations qui sont soulevées par leurs actes, ils sont partiaux, parce que, d'après la nature humaine, personne ne peut impartialement juger sa propre cause. La sécurité n'est pas

____

(1) C'est l'application de l'article 1384, C. c.

plus grande pour les gouvernés, quand même les jugements sont déférés à des délégués amovibles ou inamovibles (1) de l'exécutif, car celui qui choisit a le soin de faire tomber son choix sur les personnes qui lui sont dévouées et soumises, qui ont ses idées, ses passions, ses intérêts, et qui sont tenues en haleine par l'avancement et les dignités.

7° Il existe l'unité de juridiction (2), qui, loin d'exclure la spécialité, veut que la justice soit rendue par des hommes éclairés et spéciaux à la matière litigieuse. La pluralité de juridiction, qui contraint le justiciable à chercher son juge, est une entrave à une bonne répartition de la justice. Elle n'existe que pour protéger les gouvernants et les affranchir de la responsabilité de leurs fautes (3). La légalité de l'acte

(1) L'inamovibilité a pris naissance, en France, à la suite de la lutte entre la royauté et les seigneurs, qui l'ont imposée à leurs vainqueurs. (Ordonnance du 21 octobre 1467.)

(2) Ce principe est reconnu par la législation française, qui peut être comparée à la confusion des langues pour les principes sur lesquels elle repose. Il est appuyé par la jurisprudence, qui reconnaissait sous les gouvernements de la Restauration et de Juillet le droit aux tribunaux de refuser l'application d'une loi inconstitutionnelle; par les lois de finances du 8 décembre 1814, art. 144 ; du 28 avril 1816, art. 244-247 ; du 15 mai 1818, art. 94, qui autorisent les contribuables à actionner devant les tribunaux les agents des contributions en restitution des sommes irrégulièrement perçues ; par l'article 471, n° 15, du Code pénal, qui permet aux juges de police d'apprécier la légalité des règlements administratifs.

(3) Le droit commun suffit; la situation du fonctionnaire public est plus digne et son influence plus salutaire quand le fonctionnaire, pour obtenir le respect qui lui est dû, ne peut compter que sur son caractère, son mérite, et non sur l'abri d'une législation exceptionnelle. (Rapport de M. Taillefer sur le décret du 19 septembre 1870.) Il est regrettable que l'honorable rapporteur n'ait pas converti ses paroles en actions, qu'il n'ait pas déposé un projet de loi pour l'abolition de celles qui entravent l'exercice des actions des gouvernés en responsabilité des fautes des législateurs, des gouvernants ou fonctionnaires et des magistrats, et qui émaillent la législation française.

peut aussi bien être reconnue par un juge de droit commun que par un juge exceptionnel; le premier doit être aussi éclairé que le second; il est tout au moins présumé plus indépendant, plus impartial. La difficulté de distinguer le principe du droit naturel du droit autoritaire et les mesures d'application n'est pas plus grande que celle de trouver la limite de la séparation des pouvoirs administratif et judiciaire, qui se motive plus par des considérations d'utilité plus ou moins douteuses que par la nature des choses et des raisons de logique nécessaire.

8° La responsabilité a encore pour conséquence la séparation de l'administratif de l'exécutif. Le cumul a pour résultat l'uniformité d'administration. Si l'objet administratif est uniforme pour la nation, il n'en est pas de même pour les voies et moyens d'exécution, qui dépendent des temps, des lieux et des besoins locaux. L'uniformité équivaut à l'absence de toute administration utile ou à une mauvaise administration dans tout le pays.

Les affaires locales sont faites par les habitants des quartiers ou des villages; celles communales, par les délégués des sections; celles départementales, par ceux des conseils communaux; celles générales ou nationales, par ceux des conseils départementaux. Les deux dernières délégations sont faites par les êtres moraux et non par les électeurs, le mandat ayant pour objet la représentation d'une collectivité d'intérêts.

Les conseils ont l'initiative, l'instruction, la délibération, le vote des dépenses et l'exécution. Ils n'ont pas le contrôle, qui est exercé par d'autres délégués. Ils administrent dans le cercle de leurs attributions et sont soumis à la juridiction commune quant à la légalité de leurs actes.

Le gouvernement autoritaire a pour principes généraux :

1° L'activité et la pensée de l'homme sont limitées ; elles ne peuvent se manifester que dans le cercle tracé ou toléré par les gouvernants. Tout ce qui n'est pas permis est défendu.

2° Les gouvernants sont souverains dans leurs attributions législative, exécutive, judiciaire et administrative, soit qu'ils exercent la souveraineté pleine et absolue, ou qu'ils soient, par des lois restrictives ou d'exception, à l'abri de l'action en responsabilité de leurs fautes de la part des personnes lésées.

Il existe deux espèces de gouvernements autoritaires : celui régi par le despotisme personnel et celui par le despotisme légal.

Dans le premier, les trois pouvoirs et l'administration sont réunis. Le souverain nomme, révoque les fonctionnaires et apprécie leurs actes et leur responsabilité.

Les principaux caractères distinctifs du second sont : les trois pouvoirs sont séparés, mais plutôt de nom que de fait. La loi est souveraine ; elle crée le droit. L'un des pouvoirs cumule ou domine les autres. La pluralité de juridiction existe ; la légalité des actes administratifs, c'est-à-dire les contestations entre les gouvernants et les particuliers, est appréciée par leurs auteurs, leurs supérieurs ou les délégués de ces derniers. L'autorité agit et pense pour tous ; elle ne peut être entravée dans ses actes.

VI.

LES FORMES DES GOUVERNEMENTS.

Dans toute production, il faut distinguer entre le mécanisme et le produit, entre la fabrique et l'objet fabriqué.

Le mécanisme ou l'instrument politique est la forme des gouvernements. Cette forme embrasse l'organisation des trois pouvoirs et de l'administration intérieure. Elle est monarchique ou républicaine. Les principes autoritaires et libéraux sont appliqués indistinctement sous l'une ou l'autre forme ; ces deux formes embrassent aussi l'exercice de tous les droits politiques, individuel, divin, social et césarien : aussi, pour connaître si un gouvernement est libéral ou autoritaire, quel droit il met en pratique, ne faut-il pas s'arrêter à sa forme, mais au mécanisme, à l'organisation de ses institutions, à son esprit ou à sa morale ; car la garantie des droits individuels n'existe que par la séparation des pouvoirs, qui assure la responsabilité des agents gouvernementaux et de l'État.

VII.

LES MOBILES OU LA MORALE DES GOUVERNEMENTS.

Le fonctionnement du gouvernement libéral est basé sur la raison, la science et la nature des choses, celui du gouvernement autoritaire sur les sentiments et la force.

Le premier n'a qu'une morale, la morale naturelle, qui règle les actes politiques et privés.

Le second a deux morales : la morale privée et la morale politique. Le même fait est élogieux, répréhensible, délictueux ou criminel, suivant qu'il est commis par tel ou tel individu qui se trouve dans telle ou telle position ; les dignités servent souvent à couvrir des infamies.

Cette différence fait que les mobiles des actions gouvernementales diffèrent suivant le droit appliqué.

Ceux des gouvernements libéraux sont l'utilité individuelle basée sur le respect du droit, l'équité ou la proportionnalité du droit et la justice ou la récompense proportionnelle à la valeur utile. L'intérêt général est seulement une collectivité d'intérêts individuels dans laquelle il se confond ; les individus consentent à vivre de la vie sociale pour mieux se défendre, dominer les choses et se les approprier. Les moyens employés pour atteindre ce but sont ceux qui garantissent la libre activité humaine par la sécurité et l'assurance de la réparation du préjudice causé.

La morale du droit divin est l'utilité divine ; son objet est le salut des âmes ; les moyens, pour faire respecter ses règles, sont la violence morale et corporelle, la spoliation légale, le vol et le meurtre judiciaires.

Celle des gouvernements de droit social est l'utilité sociale. L'intérêt général est la suprême loi : il domine et absorbe celui des individus, qui, par amour de la patrie, doivent respecter les lois même spoliatrices, supporter les contraintes morales et physiques, les vols et les assassinats juridiques.

Les mobiles des gouvernements tyranniques sont l'utilité et la satisfaction des appétits et des passions des gouvernants, qui considèrent comme péril social la critique de leurs actes ; qui exercent la puissance par la corruption, la ruse, la fraude et la violence, par l'éludation et la violation des lois et par la création de lois spoliatrices. Les individus peuvent obtenir la sécurité s'ils limitent leur liberté à approuver ou à ne pas contrarier le pouvoir.

VIII.

LA SITUATION POLITIQUE ET SOCIALE DE LA FRANCE.

Romulus avait divisé ses sujets en trois ordres, patriciens, chevaliers et plébéiens, qui formaient le peuple romain, divisé en trois tribus, subdivisées chacune en dix curies.

Servius Tullius porta les trois tribus à trente, dont vingt-sept pour la population suburbaine; il divisa le peuple en cent quatre-vingt-treize centuries, dix-huit pour l'ordre équestre et cent soixante-quinze pour le reste du peuple, divisé en cinq classes suivant la richesse. Il créa une centurie hors classe, comprenant ceux qui possédaient moins de onze mille as (6,141 francs), ou les non-possédants, dénommés *capite censi* ou *prolétaires*.

Les tribus étaient des divisions topographiques et politiques; les curies et centuries, des divisions politiques.

Les pouvoirs étaient exercés par le sénat, les comices ou assemblées du peuple par curies ou centuries, par un collége de prêtres et par le roi.

Le sénat avait l'initiative et la discussion des lois; il les proposait aux assemblées du peuple et les ratifiait; il s'occupait des relations extérieures, pouvait désigner certaines attributions aux fonctionnaires exécutifs; il avait l'inspection générale du culte, veillait à la conservation des anciens rites, admettait ou rejetait les nouveaux cultes et ordonnait les cérémonies extraordinaires.

Les comices par curies avaient pour attribution tout ce qui avait rapport à l'état civil des citoyens, tel que testaments, adoptions; l'élection de certains ministres de la religion, flamines, curions, pontifes; les affaires se rapportant à la direction de la guerre et du gouvernement des provinces (1); la confirmation de la dictature conférée par le sénat, et la désignation, dans certains cas, d'un magistrat, consul ou préteur, pour la direction d'une guerre.

(1) Pour la concision et la clarté, des fonctions qui ont pris naissance sous la République sont relatées dans les institutions royales.

Ils étaient soumis à la tutelle du sénat. Ils ne pouvaient s'assembler qu'avec son autorisation ; ils étaient dissous quand les auspices n'étaient pas favorables ou lorsqu'un magistrat observait.

Les comices par centuries avaient dans leurs attributions la proposition, la discussion et l'adoption des lois, les déclarations de guerre, les jugements de perduellion ou de haute trahison, la prononciation sur la vie des citoyens, l'élection des magistrats, curules, consuls, préteurs, édiles et censeurs, la connaissance des poursuites dirigées contre ces derniers à leur sortie de charge.

Le collége des prêtres jugeait les différends touchant les matières religieuses, faisait les lois sur les cérémonies sacrées, inspectait les magistrats et les dignitaires des cultes, faisait le calendrier, réglait les inhumations, vérifiait par le vol et les entrailles des oiseaux si les auspices étaient favorables à l'adoption des lois ou des mesures administratives.

La royauté avait conservé les pouvoirs exécutif, administratif et judiciaire.

L'État romain ainsi constitué était un gouvernement autoritaire. Le droit public et privé des citoyens était limité à ce qui était permis et prévu. Les pouvoirs exécutif, administratif et judiciaire étaient cumulés et concentrés entre les mêmes mains. Le fonctionnaire, pour l'exercice de sa fonction, était à la fois législateur, exécutif et juge des contestations que soulevaient ses actes ; aussi les fonctionnaires romains étaient-ils tous magistrats.

Il était aristocratique. Les fonctions sénatoriales et les hautes magistratures étaient réservées aux patriciens qui avaient la majorité dans les comices par centuries, qui étaient le pouvoir le plus étendu. Il était aussi un gouvernement de droit social et de droit divin, le droit individuel était sacrifié à l'intérêt général ; l'Etat n'était pas responsable de ses fautes ni de celles de ses gouvernants ; rien d'important ne devait se faire que sur la manifestation de la volonté providentielle.

Ses institutions étaient si bien ordonnées pour l'exercice du despotisme légal et personnel, qu'elles n'ont subi aucun changement dans l'établissement des différents gouvernements qui se sont succédé jusqu'à la chute de l'empire, qu'elles ont seulement reçu quelques modifications de détail, qui respectaient et confirmaient le principe d'autorité.

La royauté a existé pendant deux siècles et demi. Elle a été remplacée par la République, qui, pour tout changement, substitua deux consuls au roi.

Quelques années après, la plèbe exigea la création des tribuns du peuple, qui étaient inviolables, avaient le véto législatif, le droit de suspendre l'exécution des lois, des actes administratifs et d'arrêter les poursuites exercées contre les citoyens.

Une institution nouvelle prit naissance : la dictature, qui était conférée par le sénat, le peuple ou les consuls et dont l'objet était d'accumuler tous les pouvoirs sur une seule tête.

La République grandissant, les fonctions consulaires acquirent plus d'importance. L'administration et la justice étaient en souffrance surtout quand les deux consuls étaient aux armées. L'on eut recours à la division de leurs attributions, à la délégation d'une portion de leurs pouvoirs. En 260 de la fondation de Rome, l'édilité fut créée. Elle avait l'administration de la ville, la propreté, la sûreté, la liberté et la conservation des rues, la police des marchés, la fixation des dépenses et la connaissance des contestations relatives à ses actes.

La censure fut décrétée en 311. Les censeurs avaient la

surveillance des mœurs, la discipline de Rome, l'inspection du sénat et des chevaliers, la juridiction dans les endroits publics et privés, l'adjudication et la réception des travaux publics, la répartition, la levée et la mise en ferme des impôts, l'estimation des biens pour l'assiette des contributions, l'administration du trésor et la surveillance des écoles. Tous les cinq ans, ils révisaient les listes des sénateurs et des chevaliers, la distribution du peuple dans les tribus, les classes et les centuries, faisaient passer les citoyens d'une classe dans une autre ; ils les faisaient même descendre dans la tribu des cérites ou des contribuables qui n'avait pas le droit de suffrage, ils exerçaient leur pouvoir sans contrôle et sans appel.

En 387, un troisième démembrement du pouvoir consulaire fut opéré par la création de la préture. Les préteurs étaient des lieutenants des consuls pour l'administration de la justice. Ils furent plus tard — 520 — autorisés à prendre des délégués. Des patriciens furent mis à leur disposition pour les substituer. Cette substitution amena la création de deux corps de judicature — décemvirs, centumvirs — arbitres, juges et récupérateurs — dont le nombre augmenta suivant les nécessités.

Chaque année le préteur dressait la liste des juges. Il ne recevait plus que les plaintes ; il écoutait l'exposé des affaires, renvoyait les parties devant un ou plusieurs membres de la décurie compétente en déterminant le point de fait, en disant le droit que le juge délégué devait appliquer au fait. Ses fonctions ainsi restreintes ressemblaient assez à celles du magistrat des requêtes à Athènes.

Le peuple désignait un quæsitor pour le jugement des causes publiques. — Délits ou crimes — les juges étaient tirés au sort.

L'appel des jugements des causes publiques était porté devant les comices par centuries. Celui des jugements des causes privées était déféré à un autre préteur, aux consuls ou au sénat.

Les Romains n'ont jamais agité la question de la responsabilité civile de leur cité pour la réparation du préjudice causé par la faute de leurs gouvernants; ils ont seulement cherché à se défendre de leurs excès et de leurs abus par le partage du pouvoir, qui, en raison de l'impossibilité de bien définir la compétence de chaque magistrat, était une cause d'empiétements et de conflits; par la courte durée des magistratures fixée à un an et par la poursuite des auteurs des abus. Ces poursuites étaient seulement ouvertes après la cessation de la fonction, pour faits de charge ou concussions et non pour des fautes. Elles étaient entravées par la complication de la procédure; elles aboutissaient rarement à une condamnation, parce que le jugement devait être prononcé par les comices par centuries, dont les patriciens, c'est-à-dire les gouvernants, les inculpés, disposaient des votes.

La préture n'a porté aucune atteinte au principe du cumul des pouvoirs législatif, exécutif, administratif et juciciaire. Le préteur pouvait créer, par des édits exécutoires pendant la durée de ses fonctions, une législation qui complétait où annulait l'ancienne, ce qui occasionnait une appréciation différente des mêmes faits ou de faits semblables. Sa juridiction n'embrassait que les contestations entre particuliers. Celle administrative avait été conservée au sénat, aux consuls, aux édiles, aux censeurs, aux pontifes et aux magistrats inférieurs, qui appréciaient leurs actes et se trouvaient juges et parties.

La République romaine a fondé des colonies et créé des

municipes qui étaient gouvernés et administrés sous sa tutelle et sa suzeraineté avec les mêmes institutions que les siennes.

Elle avait des provinces qui étaient des nations conquises, qui ne conservaient que la possession du sol. Elles étaient gouvernées et administrées par des gouverneurs. Elles recevaient des colonies. Souvent la République leur laissait leur autonomie administrative, formait chez elles des municipes et concédait des droits de cité.

L'Etat romain, comme gouvernement autoritaire, était sans contrôle. Ce vice est une cause de décadence et de ruine pour tous les Etats. L'irresponsabilité pousse les gouvernants à gouverner et à administrer sans prudence, à violer le droit, à ne plus appliquer la loi, à ne plus conserver la vertu, l'honnêteté et la délicatesse, à jouir de la vie matérielle et à agir arbitrairement sans autre guide que leurs sentiments.

Les patriciens enrichis par les dépouilles des peuples subjugués perdirent peu à peu les mœurs sévères de leurs ancêtres. Ils commirent des abus dans l'exercice de leurs magistratures. La plèbe réclama le partage du pouvoir, qu'elle finit par absorber. Vers 700, le vote par tribus, qui est le suffrage universel, devint la règle. Il fut une véritable révolution, qui mit toutes les magistratures à la disposition des prolétaires. Ceux-ci étaient trop ignorants pour gouverner une République aussi considérable. Ils choisirent leurs magistrats parmi les ambitieux, les insolvables et les libertins, qui n'eurent d'autres préoccupations que celles de s'enrichir, de jouir et de conserver leur pouvoir. Ces élus se créèrent chacun un parti ; ils prirent les armes pour obtenir le pouvoir.

Le vainqueur s'est donné la puissance militaire ou l'empire. Il s'est fait attribuer par le peuple ou par le sénat les magistratures et la puissance tribunitienne. L'empire a été substitué à la République sans aucun changement dans les institutions, par leur simple fonctionnement et par une simple substitution de personnes.

Si les républicains ont été impuissants à renverser les Césars, à rétablir la République, c'est qu'ils se sont bornés à revendiquer le pouvoir, qu'ils n'ont pas fondé leur opposition sur la substitution du droit individuel au principe autoritaire, sur la réforme des institutions politiques qui ne convenaient plus à un peuple aussi dégénéré que l'était le peuple romain. La plèbe ne voyait dans cette opposition qu'un changement de personnes. Elle avait intérêt à conserver ceux qui la flattaient et la payaient.

La Gaule est restée, comme province conquise, pendant quatre siècles sous la domination romaine, qui, par l'établissement de colonies, de municipes, et la concession du droit de cité, lui fit prendre ses mœurs, ses lois et ses traditions, qui se sont transmises jusqu'aux populations existantes. Elle ne jouissait d'aucun droit politique ; son droit privé était limité. Sa situation politique n'a subi aucun changement marquant depuis l'invasion des barbares jusqu'à l'établissement de la féodalité (1). Les envahisseurs cherchaient des terres ; ils s'en firent abandonner de gré ou de force. Leurs chefs recherchaient les dignités romaines : ils concilièrent le droit césarien avec leurs mœurs et leurs usages.

L'avénement de la deuxième race et les troubles intérieurs ont amené l'établissement de la féodalité. Les gouverneurs et les possesseurs de fiefs se sont rendus indépen-

____

(1) Commencement du cinquième siècle, fin du dixième.

dants. Leurs circonscriptions, leurs domaines ont formé des petits Etats avec une vassalité hiérarchique. Les petits propriétaires, pour obtenir la sécurité et se soustraire à la spoliation, ont vendu leurs terres aux puissants en s'en réservant la jouissance ; ils se sont obligés à fournir des journées et des prestations à leurs acquéreurs, qui, de leur côté, devaient les protéger et leur assurer la sécurité.

Le caractère distinctif de la féodalité est le contrat, qui, exigeant le concours de volontés, est un signe du droit individuel ou libéral.

Les contractants se réunissaient à des époques déterminées ; ils discutaient les affaires communes et rendaient la justice. Leurs assemblées ou réunions étaient présidées par le seigneur, qui faisait exécuter les décisions prises.

L'ennui du dérangement ou de juger leurs semblables leur fit déserter les assemblées. Elles finirent par ne plus être fréquentées que par les familiers des seigneurs ou des délégués royaux, des rangs desquels sont sortis les hommes de loi.

Avec le temps les parties avaient oublié les causes du contrat : elles se rappelaient les avantages, elles ne se souvenaient plus de leurs obligations. De là une lutte entre les seigneurs et les vassaux. Les premiers ont abusé de leur puissance pour s'attribuer des avantages par la création, à côté des charges contractuelles, d'autres servitudes, telles que les droits de chasse, de pêche, de mouture, de four, de corvée, de garenne, de relief, de lods, de ventes, de quint et de requint, de justice, etc., qui constituaient l'asservissement de l'homme et de la terre.

La féodalité s'est plus particulièrement établie dans les campagnes. Les villes ont tourné leurs efforts vers les institutions municipales.

Les seigneurs revendiquaient le droit de justice, qui procure la domination, parce que celui qui dispose des jugements domine les justiciables, et celui qui dispose des juges dispose des jugements. Ils entravaient les recours à leurs suzerains contre les décisions de leurs officiers.

Les rois, de leur côté, prétendaient être les justiciers de leurs sujets parce qu'ils leur devaient protection. Aidés par les légistes et la bourgeoisie sortie des rangs des fabricants, marchands, commerçants, propriétaires d'alleux, et des descendants des décurions, ils ont appuyé le peuple dans ses revendications contre les seigneurs, ont concédé à des villes, à des bourgades des droits gouvernementaux et administratifs. Ils ont fini par substituer leur puissance à celle féodale et municipale, et par établir l'unité gouvernementale et administrative. Louis XI a porté le coup mortel à l'autonomie locale. Louis XIV en a effacé les derniers vestiges en ne convoquant plus les Etats. La nation française a-t-elle gagné à cette substitution? Le doute est permis. Son droit de contracter a été remplacé par celui d'obéir. Le roi cumulait les pouvoirs législatif, exécutif, administratif et judiciaire. La justice se divisait en justice ordinaire et extraordinaire, qui se subdivisait en justice criminelle, civile et administrative ; la justice ordinaire était rendue par les prévôts, les baillis ou sénéchaux, les présidiaux, les parlements, le conseil du roi, le grand conseil.

La justice extraordinaire était administrée par les juridictions consulaires, terrestres et maritimes, la chambre des domaines ou trésoriers de France, les maîtrises pour les eaux et forêts, la cour des aides, celle des monnaies, les maîtres des requêtes de l'hôtel et du palais, le grand prévôt de l'hôtel, les juges des universités, les commissions extraordinaires, etc.

Le seul frein contre l'arbitraire législatif consistait dans l'enregistrement des lois par les parlements. Il était un bien petit palliatif, les rois savaient s'en passer ou amortir la résistance.

La garantie contre l'arbitraire des actes exécutifs et administratifs consistait dans le recours du gouverné à l'administration elle-même, qui était juge et partie. Elle n'existait que de nom.

Celle contre les juges civils était plus sérieuse ; ils étaient propriétaires de leurs charges et responsables (1) non-seulement de leur faute, mais de leur mal jugé. L'action en responsabilité était portée devant le roi en son conseil d'Etat. Elle était entravée dans la pratique en raison de la difficulté de circulation et des entraves de la procédure.

En somme, les gouvernés étaient soumis à l'arbitraire du monarque ; le roi ou ses délégués n'étaient soumis à aucun contrôle, ni à aucune responsabilité. Si la justice seigneuriale était mauvaise, celle royale n'était guère meilleure. Jean de Doyat, l'un de ses ardents promoteurs, en a été la victime (2) ; ses souffrances causées par la question et sa longue détention ont dû lui faire comprendre que la sagesse était de ne pas avoir trop confiance dans les hommes, mais de prendre des précautions contre leur arbitraire.

Le peuple, les seigneurs et les rois, dans leurs luttes pour les pouvoirs, ne se sont point aperçus qu'il existait un terrain sur lequel ils pouvaient s'entendre, la séparation de l'administratif et de l'exécutif. Les droits arrachés ou concédés étaient des droits politiques, législatifs, exécutifs, administratifs et judiciaires. Ils avaient pour résultat de fonder,

(1) Ordonnance de 1667.
(2) Bardoux, *les Légistes*.

non des communes, mais des républiques, qui avaient leurs consuls, leurs édiles, leurs censeurs, etc. L'Angleterre, partie du même point que la France, est arrivée à un résultat diamétralement opposé. Ses seigneurs ont lutté pour conserver à leur pays la gérance de ses affaires; ils ont triomphé de la royauté avec l'appui du peuple.

L'unité administrative ou la centralisation de Louis XIV avait laissé subsister l'inégalité des dignités et des charges, les servitudes personnelles et prédiales. Les seigneurs oublièrent leur origine, ne firent aucun effort pour dépouiller leur royal vainqueur du pouvoir administratif. Les uns restèrent dans leurs terres, usant leur vie dans des luttes stériles avec les paysans pour l'augmentation et la conservation de leurs droits féodaux ; les autres cherchèrent à plaire aux maîtres, à obtenir des sinécures, à dépenser leur activité servile pour se procurer les jouissances matérielles de la vie avec l'argent des contribuables. Le clergé imita la noblesse ; il lutta pour augmenter sa puissance, ses richesses, et affranchir ces dernières des charges publiques. La bourgeoisie ou le parvenu enrichi rechercha l'anoblissement fictif en prenant les noms des domaines qu'elle achetait avec les économies qu'elle faisait dans le négoce ou dans la gestion des biens seigneuriaux, ou dans les fonctions publiques. Elle appuya le pouvoir royal, elle fut rebelle aux réformes politiques et économiques. Le peuple est resté isolé, impuissant pour faire respecter ses droits, soumis aux servitudes personnelles et foncières, chargé par son travail d'entretenir la noblesse, le haut clergé et la cour dans le faste et le luxe. Ses contributions étaient destinées à des dépenses improductives et démoralisatrices. L'instruction, la propreté et la viabilité étaient totalement négligées, la magistrature était oppressive et même vénale. Le peuple n'avait donc aucune liberté et aucune sécurité, ses actes et sa conscience recevaient une direction de l'Etat et du clergé, sa personne et ses biens étaient à la discrétion et aux caprices des gouvernants.

Un tel régime devait amener et amena des abus criants, des crimes légaux et judiciaires. Les philosophes des dix-septième et dix-huitième siècles ont élevé la voix à l'effet de ramener la royauté et la magistrature à la moralité, à l'humanité, aux idées d'équité et de justice; les économistes ont essayé de faire prévaloir les principes économiques, la liberté de l'activité humaine et du commerce par l'abolition des maîtrises, des jurandes, des douanes à l'intérieur, des entraves apportées à la circulation des grains. Ces idées froissaient les intérêts des monopoleurs et des privilégiés, qui s'opposèrent à leur mise en pratique. La petite bourgeoisie, qui voulait le partage des profits résultant des abus, grossit les rangs des résistants.

L'absence de contrôle produisit un grand désordre dans les finances. La monarchie, ne pouvant plus se procurer les ressources suffisantes pour combler son déficit et faire face à ses dépenses, convoqua les États généraux dans la pensée que ces derniers trouveraient un remède au mal.

La famille, la religion et l'Etat ont chacun leur morale et des intérêts distincts et souvent contraires; ils sont toujours en lutte pour la puissance. La religion et l'Etat se liguent fréquemment pour mieux dominer la famille. Quel est celui de ces trois droits qui triomphera dans la lutte qui va s'ouvrir? Quelle sera la forme sous laquelle se manifesteront les principes et la morale?

Les Etats généraux étaient composés du roi, de la noblesse, du clergé et du tiers état.

Le roi représentait l'idée du despotisme personnel et de

la hiérarchie, dont les effets sont la destruction de tout caractère et de toute initiative personnelle. Les seigneurs étaient les défenseurs du principe contractuel, qui comporte l'idée de résistance à tout acte même légal qui serait contraire au droit. Par l'échange de leurs seigneuries contre des titres nobiliaires ou de simples dignités, ils avaient perdu les notions du droit naturel, la virilité qui est l'apanage de la liberté ; corrompus et dissolus par le contact de la cour, ils avaient pris les idées et les mœurs royales et confondu leurs intérêts avec ceux du roi. Le clergé, représentant naturel du droit divin, ne pouvait que s'unir au roi et à la noblesse pour le maintien du despotisme et des priviléges. Le tiers état, composé de la petite bourgeoisie, qui puisait son instruction dans les auteurs romains, était imbu des idées, de la morale et du droit romains ; il était donc partisan du droit de l'Etat, c'est-à-dire du despotisme populaire ou césarien. La famille avait pour défenseurs les philosophes, les moralistes et les économistes, qui n'étaient encore que théoriciens, qui ignoraient les formules capables de convertir leurs idées en actes. Elle n'était pas en situation de défendre ses droits ; elle est demeurée sans garantie contre l'Etat et courbée sous le péril social. La lutte s'est concentrée non sur les meilleures formes à créer pour garantir les gouvernés des entreprises des gouvernants, mais sur le partage du pouvoir entre les factions existantes. Le peuple en a dépouillé la royauté, la noblesse et le clergé, il n'a pas tardé à se le laisser enlever et à se courber sous la tyrannie.

La constitution des 3-14 septembre 1791 proclame la liberté individuelle, l'égalité et la souveraineté nationale ; elle attribue le pouvoir législatif au peuple, les autres à la royauté, les affaires locales à des administrateurs de district nommés par les électeurs et soumis à la surveillance et au contrôle de ceux des départements ; celles départementales, à des administrateurs départementaux, dont les actes sont assujettis à la surveillance du roi, qui peut les annuler ; elle défend (1) aux tribunaux d'apprécier la constitutionnalité des lois et la légalité des actes des gouvernants et de leurs agents. Par cette défense, elle organise le despotisme.

La nation exerçait son pouvoir législatif par des représentants nommés par des électeurs (2). Les droits individuels, garantis seulement par la loi, étaient limités. Cette limite était une contradiction et une inconséquence avec les principes de liberté reconnus dans la constitution. Le peuple français n'a pas tardé à faire l'expérience que le despotisme légal était aussi pernicieux, aussi nuisible à la liberté, à la sécurité des personnes et des biens que le despotisme personnel, qui a toujours un frein dans l'éducation et les traditions de la famille.

Loin d'apaiser la lutte, le partage de l'autorité ne fit que l'augmenter. Le peuple, exalté par le souvenir de ses souffrances, par son triomphe, se débarrassa du roi (3) par la violence. L'Assemblée nationale se transforma en convention dictatoriale.

La République, par sa constitution du 24 juin 1793, a confirmé plus fortement encore le principe d'autorité. Elle a attribué tous les pouvoirs au peuple, représenté par les Français âgés de vingt et un ans. Elle a transmis ceux du roi à un conseil exécutif nommé par le corps législatif

(1) Article 3 de la Constitution, lois des 16-24 août 1790 et 10 fructidor an III.

(2) Tout Français âgé de vingt-cinq ans, payant un impôt équivalent à trois journées de travail, était électeur.

(3) 10 août 1792.

parmi les membres portés sur la liste des électeurs départementaux ; les juges étaient élus tous les ans par les électeurs.

Les événements du 9 thermidor (1) ont fait remplacer cette constitution, qui n'a pu être pratiquée, par celle du 22 août 1795, qui a apporté quelques modifications dans l'application de la souveraineté populaire. Le pouvoir législatif est exercé par deux conseils : celui des cinq cents et celui des anciens ; le pouvoir exécutif par un directoire composé de cinq directeurs nommés par le corps législatif sur la liste présentée par le conseil des Cinq cents ; les administrations municipales, par canton ou fraction de canton, sont substituées à celles des anciennes paroisses, dont l'importance était trop peu considérable. Elles sont restées soumises aux administrations départementales, qui ont, à leur tour, conservé la tutelle du pouvoir exécutif. Les juges sont nommés à l'élection pour cinq ans ; ils ne peuvent s'immiscer dans les actes législatifs et administratifs. La Constituante place la garantie des droits individuels dans la loi, la Convention dans la société ; l'expérience n'a pas tardé à démontrer que l'une était aussi mauvaise que l'autre ; que toutes les deux ne garantissaient rien. La création ou la reconnaissance d'un droit est illusoire si son exercice est impraticable ; si une loi spoliatrice décrétée par le pouvoir législatif est appliquée par le juge. Le droit constitutionnel (2) du peuple étant de faire respecter le droit de chacun, n'a créé aucun pouvoir ni indiqué aucune procédure pour assurer ce respect ; il a laissé subsister l'omnipotence et l'irresponsabilité des gouvernants, dont les

(1) Juillet 1794.
(2) Articles 23 de l'acte constitutionnel du 24 juin 1793 et 4 de la déclaration de la Constitution du 22 août 1795.

abus ne pouvaient être arrêtés que par un coup de force.

Le gouvernement républicain a fait place à la tyrannie établie à la suite du 18 brumaire (1).

Le peuple a exercé despotiquement sa souveraineté ; les moyens qu'il a employés pour gouverner ont été la confiscation, la spoliation, l'emprisonnement et le meurtre, sous le masque de la loi et de la justice. Ses gouvernants ont démontré que le vol et l'assassinat étaient aussi facilement commis par la loi et la justice que par une simple volonté. Sa passivité à se laisser dépouiller de tous ses pouvoirs, dont il n'avait su faire un bon usage, n'a égalé que son ardeur à les revendiquer.

Plusieurs jugements sont portés sur les événements mémorables qui se sont accomplis pendant la période révolutionnaire.

Les admirateurs de ces grands faits affirment que ceux-ci ont créé l'égalité des citoyens, la liberté, l'unité de la France, et l'ont préservée de l'invasion étrangère.

Il faut distinguer deux périodes qui ne doivent pas être confondues : le règne de la Constituante et celui de la Convention, la Royauté et la République. La Constituante a eu pour mobile l'exercice du droit naturel, bien qu'elle s'en soit écartée assez souvent. Sa faute a été de faire le partage et non la séparation des pouvoirs et de créer l'autorité légale. Le mobile de la Convention a été l'établissement du droit social par la puissance démocratique.

L'égalité acquise consiste dans l'abolition des servitudes personnelles à l'égard de la terre et des corporations. Elle est un progrès, mais elle est loin d'être complète. La loi est parsemée d'inégalités ; elle réglemente souvent certaines

(1) Novembre 1799.

catégories de personnes et de faits qui créent des monopoles et des priviléges.

La révolution a créé la liberté, si ce mot signifie la domination de l'Etat ou la souveraineté nationale, dont l'exercice consiste à permettre aux citoyens de déposer des bulletins dans les urnes électorales pour se donner des maîtres qui ont sur les personnes et les choses des pouvoirs illimités, dont ils usent et abusent. Depuis la fameuse découverte des grands principes de 89, qui étaient mieux définis et connus chez les anciens, le peuple français n'a pu manifester sa souveraineté que par des coups de force ; il n'est jamais arrivé à se garantir pacifiquement et par le jeu d'institutions régulières à sauvegarder ses droits contre ses gouvernants, à renfermer ceux-ci dans les limites de leur mandat. Au lieu de la liberté, il s'est procuré l'égalité devant les servitudes personnelles, légales, administratives et judiciaires.

L'unité politique et administrative est l'œuvre de la royauté, comme nous l'avons déjà exposé. Sa puissance centralisatrice, loin d'être un progrès, fut augmentée par les révolutionnaires, qui ont établi l'uniformité législative qui n'a pu cependant détruire toutes les coutumes et tous les usages.

La quatrième affirmation n'est pas une vérité démontrée. La séparation libérale des pouvoirs aurait amené la sécurité et l'apaisement de la lutte entre la royauté et le peuple, écarté les troubles intérieurs, qui sont nés de l'insécurité des personnes et des biens, qui ont provoqué la coalition des puissances étrangères. Elle aurait contribué à repousser l'invasion, qui n'a été que retardée ; elle aurait procuré à la France et sa souveraineté et sa liberté, tandis que le partage des pouvoirs n'a eu d'autre résultat que d'affirmer la tyrannie, tant il est vrai que, tout peuple qui passe de l'état servile à l'état souverain, est toujours plus avide d'égalité que de liberté et plus porté vers le césarisme que vers la gestion des affaires du pays par le pays.

Le 18 brumaire a eu seulement pour effet de substituer la souveraineté monarchique à la souveraineté populaire. Les principes, les institutions politiques et leur mode de fonctionnement sont conservés. L'esprit ou la morale, la forme de la délégation sont seuls changés.

Le peuple était un souverain absolu et irresponsable; il déléguait directement sa puissance. Sous le nouvel état, il était censé avoir délégué sa souveraineté à l'empereur, qui l'exerçait despotiquement.

La division autoritaire (1) des pouvoirs est maintenue. Les pouvoirs législatif, exécutif, administratif et judiciaire sont confondus et cumulés; ils sont exercés par les mêmes personnes. Les fonctions d'édile et de censeur sont réorganisées sous le nom de *municipalité*.

Les maires et les adjoints sont nommés par le pouvoir exécutif. Il leur est donné des conseillers qui approuvent ou rejettent les propositions de la municipalité. Les délibérations sont soumises à l'approbation de l'autorité centrale, représentée par les préfets. Elles sont exécutées par les maires. Les administrations municipales sont les émanations du pouvoir exécutif, qui les inspire, les approuve, les dirige et les contrôle. Les fonctions municipales excluent toute initiative, toute volonté, tout caractère; aussi sont-elles enviées, recherchées et acceptées par les ambitions et les médiocrités.

Les affaires départementales sont faites, comme celles locales, par les préfets, avec l'assistance de conseillers généraux; celles générales, par le chef de l'Etat, avec l'assis-

(1) Constitution du 13 décembre 1799; sénatus-consultes des 4 août 1802, 18 mai 1804.

tance du Sénat et du Corps législatif. Le seul contrôle est celui exercé par les conseils de préfecture et la cour des comptes, dont la mission consiste à constater la régularité des pièces établissant la dépense, et qui sont impuissants à vérifier la sincérité des factures, à empêcher les virements et à faire connaître les mauvaises dépenses.

Le pouvoir législatif est exercé par l'empereur, le Sénat, le Corps législatif, le conseil d'Etat par ses avis, les préfets et les maires par leurs arrêtés, et les juges par l'interprétation de la loi et par leur jurisprudence.

L'autorité judiciaire est divisée en justice publique, civile ou privée et administrative. Son principe est que la loi, même spoliatrice, doit être appliquée ; que le gouvernement apprécie lui-même la légalité et la légitimité de ses actes, c'est-à-dire qu'il est à la fois juge et partie, ce qui est contraire à la nature de l'homme, une critique des qualités qui lui ont été données par le créateur.

La puissance impériale concentre tous les pouvoirs et l'administration. Elle dirige et réglemente les actes humains et les choses ; elle nomme les fonctionnaires, les administrateurs et les juges ; elle dispose de l'instruction par la création de l'Université (1) qui élève et instruit la jeunesse dans les idées et la morale césariennes ; des consciences par l'asservissement des cultes à l'Etat (2) dont l'objet est d'inculquer à l'enfance une morale religieuse conforme aux intérêts du prince.

(1) Décrets des 17 mars 1808, 15 novembre 1811 ; ordonnance des 22 juillet, 1er novembre 1820, 7 septembre 1845 ; loi du 15 mars 1850.

(2) Concordats de 1516, 10 septembre 1801, 11 juin 1817 ; articles organiques du 8 avril 1802 ; articles 291 et suivants du Code pénal ; loi du 10 avril 1834 ; décrets et ordonnances des 10 décembre 1806, 17 mars 1808, 19 juin 1819, 20 août 1823, 25 mai 1844 ; édits de Nantes de 1685, 1787 ; loi du 18 germinal an X.

Elle constitue une société semblable à celles en commandite, dont les gérants, sans responsabilité et sans scrupule, promettent de gros dividendes à leurs actionnaires, qui ne tardent pas à découvrir que l'actif social a été dévoré en prodigalités et en plaisirs. Elle s'établit chez les peuples qui ont perdu les vertus civiques, le respect des autres et d'eux-mêmes, ou qui n'ont pas encore acquis ces qualités.

Les constitutions des 4 juin 1814 et 6 août 1830 ont seulement apporté quelques modifications dans les détails, telles que l'inamovibilité de la magistrature (1), qui ne lui a pas donné plus d'indépendance, de science et de capacité ; la nomination (2) des conseillers municipaux et départementaux par des électeurs censitaires, et l'extension des pouvoirs législatifs. Les choses étaient conservées sous d'autres noms, l'autorité absolue de l'Etat maintenue ; les gouvernés avaient le droit de faire ce que la loi leur permettait et de se mouvoir dans le cercle tracé par les règlements administratifs, vulgairement appelés *guide-âne*.

Elles avaient pour objet le fonctionnement du gouvernement parlementaire autoritaire. Elles avaient fait deux parts des pouvoirs. Le parlement avait dans son lot le pouvoir législatif ; le roi possédait les pouvoirs exécutif, administratif et judiciaire. Son lot était trop fort. Comme compensation, il devait choisir dans le parlement ses ministres, qui en devenaient dépendants.

Elles constituaient un système bâtard entre le gouvernement personnel et le gouvernement libéral. Comme tout ce qui n'est pas conforme à la nature des choses, ce gouvernement était provisoire ; il devait servir d'interrègne entre

(1) Charte de 1814.
(2) Lois des 21 mars 1831, 22 juin 1833.

la servitude et la liberté. Malheureusement, le pouvoir exécutif a fait ses réformes dans le sens autoritaire. Il a été culbuté deux fois, en 1830 et en 1848, par l'opposition du pouvoir législatif, qui n'a pas su profiter de sa victoire. Louis-Philippe a été substitué à Charles X ; le peuple, ou ses soi-disant délégués, à Louis-Philippe.

La dictature des hommes de 1848 a provoqué des froissements, des résistances qui ont été éteintes dans le sang et dans la suppression des opposants.

Elle a donné naissance à la constitution du 4 novembre 1848. Cette constitution a fait un partage des quatre pouvoirs en deux portions. Elle attribue le pouvoir législatif à l'Assemblée législative, qui crée souverainement le droit public et privé, et les trois autres au Président de la République. Elle prescrit la séparation des pouvoirs (1) comme première condition d'un gouvernement libre, et confie (2) à la société la garantie des droits qu'elle reconnaît.

Elle ne fait que rétablir le gouvernement autoritaire par la souveraineté populaire. En présence du cumul des pouvoirs qu'elle édicte, qu'a-t-elle voulu dire par son article 19 ? Est-ce une ironie ou le résultat d'une inconscience ? Les constituants de 1848, comme leurs devanciers, étaient démocrates, saturés des principes politiques qui avaient régi la République et l'empire romains ; ils ignoraient les principes et les institutions du gouvernement libéral, ils considéraient comme libéral un gouvernement basé sur la souveraineté nationale et régi par l'autorité légale, ce qui constitue un état démocratique autoritaire.

(1) Article 19.
(2) Article 110.

L'expérience a encore démontré que la garantie légale est une illusion, une simple fiction, une sanction toute platonique. Peut-on concevoir une nation continuellement en armes pour arrêter et réprimer les fautes et les abus de ses gouvernants?

L'Assemblée législative et le président de la République n'ont pas tardé à lutter pour les pouvoirs. Le résultat de cette lutte n'était pas douteux. Louis-Napoléon Bonaparte, qui avait la force parce qu'il était l'élu populaire, parce qu'il disposait de l'armée, de la police, des préfets, de la magistrature et de la légion des salariés publics, s'est débarrassé des législateurs, substitué dans leur pouvoir; il a éteint la résistance par la terreur du fusil, de l'emprisonnement, de la transportation et du bannissement, et a rétabli le gouvernement tyrannique de son oncle (1).

Ce nouvel empire a fini comme tous les empires césariens. L'invasion prussienne de 1870 l'a fait disparaître. Il a été remplacé par le gouvernement dit de la Défense nationale.

L'expérience des faits antérieurs n'a eu aucune influence sur les nouveaux événements. La dictature des hommes de 48 avait amené les journées de Juin, le coup d'Etat de 1851 et l'empire. Cet exemple n'a pas empêché les hommes du 4 septembre d'affirmer davantage le pouvoir personnel de la dictature. Ils s'emparèrent de tous les pouvoirs, de l'administration et des fonctions, ils congédièrent les conseillers généraux, ils firent gravement des magistrats et des évêques. Si l'excès de direction était la cause du mal, il ne pouvait en être le remède. Si au lieu d'agir ainsi ils avaient prononcé la séparation des pouvoirs dont la

(1) Constitution du 14 janvier 1852; sénatus-consulte du 7 novembre 1852.

réunion était un obstacle à la domination des événements, débarrassé le pouvoir exécutif de l'administration des affaires communales et départementales, fait élire par les conseillers municipaux, qui venaient d'être renouvelés, les conseillers généraux, qui à leur tour auraient délégué un de leurs membres pour former le conseil national, le résultat de l'invasion aurait pu être tout autre. Les délégués départementaux n'auraient pas été les représentants d'un parti et de ses idées, toujours étroites, mais de la France. L'esprit de l'armée de Metz n'aurait peut-être pas été celui qui a prévalu, la direction des opérations militaires aurait pu être différemment conduite, les charges de la guerre atténuées, et la France aurait plus facilement réformé ses institutions politiques et évité les crises qu'elle a eu à subir depuis.

La dictature s'est continuée sous le gouvernement de l'Assemblée nationale, dont le premier souci a été de proclamer son omnipotence, de cumuler tous les pouvoirs, soit directement, soit par la délégation de ceux donnés au président de la République, d'exercer le pouvoir despotique qu'elle reprochait au gouvernement du 4 septembre. Elle a été la cause déterminante de la Commune. Si le mouvement avait eu pour objet l'autonomie administrative au lieu de la revendication des pouvoirs municipaux (1), il aurait réussi ; toutes les communes auraient été en communion d'idées avec lui.

L'Assemblée nationale avait cependant des idées libérales ; elle les a manifestées dans la loi organique départementale du 10 août 1871. Elle a eu le plus grand tort de

____

(1) C'est sans doute par ironie que les auteurs du mouvement sont désignés sous le nom de *communards* ; leur véritable dénomination est celle de *municipalistes*.

s'en tenir à cet essai. Elle devait résister aux républicains, concéder au pays le droit de faire ses affaires, transformer en simples corps administratifs les municipalités, dépouiller les maires de leurs fonctions législatives, exécutives et judiciaires, retirer aux préfets et aux sous-préfets les attributions administratives et judiciaires, organiser une magistrature sur la base de l'indépendance des magistrats, de la responsabilité des fonctionnaires et de l'Etat, de l'unité de juridiction et de procédure, de la connaissance de la légalité de la loi, des actes exécutifs et administratifs. Ces réformes faites elle pouvait appeler Henri V, elle aurait eu l'assentiment tacite des hommes éclairés et expérimentés qui auraient vu dans cette restauration l'éloignement des catastrophes dont la France est menacée par l'esprit césarien. Elle fit le contraire, elle chercha sa force et sa réélection dans le renforcement de ses pouvoirs par la création de machines exécutives, par une direction plus compressive des pensées et des actes des citoyens, par l'extension des fonctions publiques et leur accaparement par ses protégés. Cette façon de gouverner produisit des froissements et de la défiance ; elle inspira aux électeurs la crainte d'une restauration de la monarchie clérico-césarienne d'avant 89 ; elle détermina la lutte électorale entre l'Etat représenté par les révolutionnaires républicains et la religion sous le masque de laquelle se trouvaient ligués les cléricaux, les orléanistes et les bonapartistes.

Les corps administratifs, où dominait l'élément républicain, n'ont pas eu plus de sagesse. Au lieu de réclamer l'autonomie administrative, ils ont manifesté un esprit plus centralisateur, plus compressif que celui de leurs adversaires. Ils ont négligé la propreté des localités, l'éducation et l'instruction. Ils ont dirigé toute leur activité sur l'occupation des places, sur la manière de gouverner, sur l'établissement des casernes, sans penser que les grandes armées permanentes plongent et maintiennent les peuples dans la servitude, que les victoires des Prussiens en 1870 n'ont pas vaincu nos soldats, mais bien nos institutions politiques vermoulues dont les réformes devaient précéder celles de l'armée.

Le triomphe des candidats de l'Etat a été complet dans les élections de 1876. Les électeurs étaient satisfaits; ils sentaient un vice dans nos institutions sans pouvoir le définir; ils attendaient des réformes de leurs élus. Ces derniers allaient-ils résolûment satisfaire les aspirations de leurs mandants, s'occuper des réformes administratives et judiciaires, ou laisser continuer les choses dans l'ornière de la routine, user leur intelligence et leur activité à l'assaut des places? La routine a prévalu. La nouvelle assemblée s'est imaginé que la France jouirait d'un gouvernement libéral si ses partisans occupaient les pouvoirs et les fonctions. Elle n'a pas compris que nos institutions sont organisées pour faire fonctionner un gouvernement tyrannique, quelles que soient les opinions des hommes qui fassent mouvoir l'engrenage. L'esprit de la nouvelle majorité différant de celui du président de la République, devait produire une lutte entre ces deux pouvoirs à l'occasion de l'épuration du personnel gouvernemental; il a usé les ministères Dufaure, de Marcère et Simon, il a amoindri le prestige de la Chambre, qui a perdu son temps dans des discussions oiseuses sur la collation des grades, les enterrements civils, la compétence des délits de presse, la nomination des maires par le pouvoir ou par les conseils municipaux. Comment expliquer qu'elle ait reconnu l'illicité des commissions mixtes dont la légalité a été affirmée par un arrêt de la Cour de cassation du 3 février 1877, dans l'affaire du président Villemot, et que pas un seul de ses membres n'ait déposé immédiatement un projet de loi pour la réforme judiciaire? Avec les principes qui nous régissent, la magistrature n'avait qu'à appliquer la loi.

Le sénat, par son origine, devait avoir l'esprit décentralisateur et imiter le sénat américain en s'occupant plus spécialement d'administration. Il a préféré aux questions administratives celles personnelles et jalouser l'Assemblée législative.

Le peuple français peut être divisé en trois grandes catégories : les cultivateurs, vulgairement appelés ruraux, les ouvriers industriels et la classe instruite ou dirigeante.

Le cultivateur a reçu satisfaction par l'abolition des entraves à la libre transmission des terres, dont il est devenu propriétaire et exploitant. Il est conservateur des institutions révolutionnaires, qui lui sont une garantie contre la reconstitution de la grande propriété; il souffre sans se plaindre des charges que font peser sur ses propriétés morcelées le régime hypothécaire et l'organisation judiciaire qu'il considère comme une charge inhérente aux institutions existantes.

Le travail a été aussi affranchi de ses entraves. Cet affranchissement n'a pas eu pour effet de rendre les ouvriers propriétaires des fabriques, ils s'en prennent non à la nature des choses mais aux vices de la loi ; au lieu de chercher la solution dans le travail et l'instruction, ils croient la trouver dans la préhension de la puissance qui leur permettrait de réaliser leurs théories socialistes à coups de décrets; aussi leurs aspirations tendent-elles aux institutions démocratiques autoritaires.

La classe dirigeante, enrichie par l'exploitation de la

terre, par le commerce, l'industrie, l'exercice des professions libérales, est conservatrice des institutions autoritaires qui lui facilitent l'accès des fonctions publiques et
des dignités ; révolutionnaire par l'assaut des pouvoirs et le
renversement des gouvernements qui ne l'emploient pas.

Il y a aussi à noter les révolutionnaires et les antirévolutionnaires.

Les révolutionnaires sont les partisans des idées de 89,
traduites par l'omnipotence de l'Etat. Ils se divisent en deux
fractions : l'une penche vers les institutions de la république romaine, l'autre vers celles du bas empire.

Les antirévolutionnaires n'admettent pas la souveraineté
absolue du peuple ; leurs tendances sont pour la direction
populaire par une classe privilégiée.

Les partis forment deux divisions principales, le parti
libéral et le parti autoritaire.

Les partisans du droit individuel sont peu nombreux, ils
ne constituent pas encore un parti politique militant, ils se
laissent absorber par les autres, qui mettent en avant leurs
principes dans les luttes politiques. Ils se divisent en deux
fractions, les légitimistes et les libéraux.

Les légitimistes sont pour la royauté limitée et transmis-
sible par succession, et basée sur le contrat, pour la gestion
des affaires publiques par les contribuables. Ils ont conservé les idées féodales modifiées par les temps, les souvenirs de ceux qui n'ont pas accepté leur défaite par l'échange
de leur pouvoir seigneurial contre une noblesse et des
dignités serviles. Par cet échange la noblesse a abandonné
ses idées libérales pour prendre celles du césarisme clérical
de Louis XIV et du bas empire. Aujourd'hui elle est fusion-
née et confondue avec le parti clérical.

Les libéraux veulent l'exercice de la souveraineté nationale dans les limites du droit naturel et sans classe privilégiée. Ils se fractionnent en républicains et en constitutionnels.

Le principe autoritaire est représenté par les trois fractions cléricales, les cléricaux, les légitimistes-cléricaux et les cléricaux-bonapartistes; par les républicains, démocrates ou radicaux, socialistes, éclectiques ou modérés; par les bonapartistes et par les orléanistes.

IX.

LES CAUSES DES CRISES DE LA FRANCE, DE SES DÉSASTRES ET DE SA DETTE.

Ces causes sont diverses : le droit naturel a été abandonné lors de l'abolition de la féodalité, il a été remplacé par les droits social, clérical et césarien, pratiqués cumulativement par les rois après leurs victoires sur les seigneurs. La pratique de ces droits a confondu l'intérêt général dans celui de la royauté, et après l'abolition de celle-ci, dans celui des gouvernants. Elle a créé un quatrième pouvoir en transformant la gérance des affaires locales en pouvoir administratif; elle a produit par le cumul et la confusion des quatre pouvoirs la centralisation, qui est le gouvernement personnel sous la fiction légale.

Cette centralisation a concentré les affaires locales et générales entre les mains de fonctionnaires ; elle en a éloigné les hommes indépendants et éclairés, qui pour se soustraire aux vexations administratives ont abandonné les villages et les bourgades pour se retirer dans les villes, où ils trouvaient la vie intellectuelle. Elle a fait perdre au peuple l'habitude de faire ses affaires communes et même privées, elle l'a

habitué à avoir journellement besoin du concours des agents
de l'Etat, à considérer celui-ci comme une providence, à
perdre toute initiative qui élève le caractère.

Elle créa l'irresponsabilité des gouvernants et de leurs
agents par le défaut absolu de tout contrôle sérieux. Tout
homme dont les actes ne sont pas suffisamment contrôlés
croit ne plus se tromper, prend ses passions pour la nature
des choses, et gère mal.

La cause de nos crises provient donc des vices de nos institutions politiques, qui donnent aux gouvernants un excès
de puissance, qui rend l'Etat et les fonctionnaires omnipo-
tents, qui ne permet aucun contrôle de leurs actes, ce qui
a occasionné les émeutes, les révolutions, les coups d'Etat,
les invasions et le gaspillage des deniers publics.

X.

LES RÉFORMES.

Le mal connu, le remède devient plus facile à trouver.
Ce remède est la forme à établir pour garantir les gouvernés des abus des lois et des actes des gouvernants; il
consiste dans les réformes suivantes :

1° Substitution du régime protecteur et répressif au
régime directeur et préventif.

2° Séparation des trois pouvoirs législatif, exécutif et
judiciaire, de façon à éviter leur cumul et à les rendre indépendants.

Contrôle des deux premiers par le troisième et contrôle
de celui-ci par un tribunal d'erreur et d'équité.

3° Responsabilité des gouvernants et de leurs agents et
responsabilité civile de l'Etat.

4° Distinction entre le gouvernement qui embrasse les rapports et le fonctionnement des pouvoirs et l'administration qui est une simple gérance d'affaires.

Substitution du *self-government* à la tutelle administrative, du contrôle des contribuables au contrôle de l'Etat.

Ces réformes sont énergiquement repoussées par les autoritaires, qui soutiennent q'uune nation ne peut se diriger sans règles tracées d'avance, que tout gouvernement est impossible si la loi peut être discutée, si l'exécutif est entravé dans l'exécution des lois, si les gouvernants et les administrateurs deviennent responsables.

1° Si l'homme, dit-on, n'a pas ses actes et sa pensée guidés par des règles, où il ne saura tirer parti de son activité, où il froissera les intérêts d'autrui.

La première objection est contraire au libre arbitre et à l'ordre établi pour le fonctionnement de l'univers par le créateur, qui se trouve accusé d'imprévoyance et d'impéritie. Le droit naturel n'a pas besoin d'être écrit pour être connu, défini et déterminé; il consiste en quelques préceptes que chacun connaît et distingue sans le secours d'autrui. En le traçant sur des tables, Moïse n'a pas inventé le Décalogue, qui est le Code des juifs, qui est devenu celui des chrétiens. Il n'avait pas tiré des hommes ces belles et éternelles règles de conduite, mais bien des facultés dont Dieu a pourvu l'homme lors de sa création.

La meilleure preuve que l'homme est capable de se gouverner par le droit individuel est l'expérience qui en est faite par la Suisse, l'Angleterre et l'Amérique. Sa pratique dans ces deux derniers pays démontre qu'il est flexible, qu'il s'adapte aux sociétés aristocratiques comme aux sociétés démocratiques.

Certains révolutionnaires objectent encore contre l'éta-

blissement en France d'un gouvernement libéral les principes autoritaires du catholicisme dont le peuple français
est saturé. L'expérience est faite à cet égard par les élections
de 1876, qui affirment la répugnance des électeurs français
pour le cléricalisme. Elle est justifiée par la Belgique et
l'Italie, pays catholiques comme la France, dont les tendances sont pour les principes libéraux par la pratique du
parlementarisme libéral.

Souvent la liberté est confondue avec la licence. Si des
individus pensent qu'ils sont lésés par la loi, ils se trouvent
dans la même situation que lorsqu'ils sont en opposition
d'intérêts avec d'autres particuliers; ils ne se rendent pas
justice eux-mêmes; ils font juger leur différend avec l'Etat
par les juges, qui apprécient la légalité de la loi et des actes.
Au contraire la licence suppose l'absence de frein, de responsabilité, la faculté de se faire justice; elle est la fraude
et l'abus de la force.

2° La discussion des lois, disent les autoritaires, leur
enlèverait toute autorité, tout respect. Si une loi est mauvaise, il faut la faire rapporter.

Si une loi heurte l'équité, la justice et la raison, si elle
est en opposition avec la nature des choses, si elle légalise
un fait illicite ou immoral, elle n'est ni considérée, ni res-
pectée, la nature de l'homme tendant à se révolter contre
tout fait attentatoire à son droit. Elle est subie par la crainte
d'un châtiment. La force est le contraire du respect, de la
considération et de la liberté; elle fait naître le mépris des
lois et des législateurs.

Le rapport des lois est une garantie illusoire. Que servira
au père de famille de faire rapporter une loi qui aura causé
son emprisonnement ou sa ruine? en sera-t-il moins dés-
honoré et ruiné? S'il est mis à mort, comment fera-t-il

rapporter la loi qui l'aura fait mourir? Le crime légal est plus pernicieux et démoralisant que le crime personnel.

3° Avec le principe libéral le pouvoir exécutif est entravé dans son exercice lorsque la loi contrarie le droit, qu'elle légalise un fait illicite ou immoral, lorsque les actes des gouvernants sont en dehors des limites de leurs fonctions.

Dans ces cas, il s'agit seulement de retourner contre les autoritaires leurs principes, puisqu'ils prétendent qu'il vaut mieux prévenir le mal que de le laisser faire. L'accomplissement d'un fait illicite, immoral et même illibéral est un mal. L'application d'une loi qui a pour effet de léser les individus dans leur honneur et dans leurs intérêts est un mal.

L'empêchement de laisser commettre le mal par les gouvernants est-il bien une impossibilité de gouverner? Prenons des hypothèses : des habitants de Carpentras, sans entraver le droit d'autrui, se réunissent pour discuter une question politique, sociale ou religieuse. Ils sont empêchés par les gouvernants agissant pour l'exécution d'une loi qui défend ou entrave les réunions publiques ou privées. Ils soumettent leur différend au juge, qui maintient la réunion et la fait respecter, parce que le droit de réunion est un droit naturel dont l'exercice peut être réglé, mais non entravé par une loi. Des colporteurs vendent des journaux dans les rues de la capitale de l'Auvergne, ils se voient interdire l'exercice de leur industrie, parce qu'ils doivent être munis d'une autorisation préfectorale qu'ils n'ont pas; ils ont recours au juge, celui-ci déclare que le fait de vendre des journaux dans les rues n'est ni illicite ni immoral, que son exercice ne peut dépendre de la volonté, du caprice ou de la passion d'un fonctionnaire public, qu'il ne peut être légalement empêché ni entravé. En quoi ces faits pourraient-ils troubler les occupations habituelles de la nation? Ils resteraient ignorés des habitants des villes carpentrasienne et auvergnate qui n'y participeraient pas.

L'on objecte en outre que les juges peuvent, par passion, déclarer inconstitutionnelle une bonne loi, illégal un acte légal, et que les droits seront différemment pratiqués.

Il faut supposer une magistrature peu éclairée ou peu scrupuleuse, c'est-à-dire un vice dans le fonctionnement de l'Etat ou dans le sens moral de la nation. Le premier vice peut être corrigé par une réforme, le deuxième est plus difficile à modifier; l'on ne change pas par un trait de plume le moral d'un peuple du jour au lendemain. La question est de savoir si le peuple français a le sens moral ; s'il ne le possède pas, ses directeurs ne peuvent l'avoir davantage. L'inconvénient signalé existera quel que soit le droit pratiqué.

La diversité des décisions judiciaires est plus grande avec le droit positif qu'avec le droit naturel, dont les préceptes sont plus simples et dont la procédure est moins compliquée.

Si le juge se trompe, s'il arrête à tort les gouvernants, s'il résulte de cet arrêt un préjudice pour la société, celle-ci doit le souffrir, étant responsable des faits de ses magistrats.

4° Si les gouvernants et les administrateurs, objecte-t-on, sont responsables de leurs actes, on n'en trouvera plus, la nation sera sans gouvernement.

Jusqu'ici on n'a encore vu aucun peuple qui fût sans directeur, tant la nature de l'homme tend à la domination. Les pères de famille sont responsables de la gestion de leurs affaires, en ce sens qu'ils se ruinent s'ils gèrent mal : ils n'abandonnent pas leur gestion pour éviter leur responsabilité. Les gérants de société et d'usine, les officiers ministériels, les médecins, les commis, les ouvriers sont responsables de leurs actes, et cependant un nombre suffiant se trouve pour ces diverses fonctions ou emplois, qui sont seulement désertés par les incapables.

La responsabilité se limite à la connaissance de l'étendue du mandat, à ne pas le dépasser, à ne pas commettre de faute lourde dans son exécution. Elle est facilement évitée par ceux qui ont les capacités nécessaires ; la société a tout à gagner à posséder des fonctionnaires capables et intelligents, et à écarter les médiocrités qui sont toujours à l'assaut des places.

Si le fonctionnaire, dit-on encore, est obligé d'aller justifier la loi et ses actes devant le juge, il sera détourné de l'exercice de ses fonctions, et les intérêts de la société seront lésés.

Les fonctions sont établies pour les particuliers et non pour les fonctionnaires. Ceux-ci doivent protéger et non diriger. La protection n'existerait pas s'ils ne pouvaient être arrêtés dans leurs écarts. Si les particuliers sont obligés de suspendre leurs occupations pour aller devant le juge, pourquoi les fonctionnaires qui sont rétribués ne feraient-ils pas comme eux ?

Le père de famille est responsable des actes des personnes qu'il emploie ; étant tenu de faire un bon choix, il doit surveiller ses serviteurs. Pourquoi l'Etat, qui est un être moral, ne serait-il pas responsable comme lui ?

Les intérêts sociaux sont une collectivité d'intérêts individuels ; si les pères de famille sont pauvres, la société n'est pas riche. Elle a donc pour objet spécial la sécurité individuelle et le développement des intérêts de la famille ; si elle n'était pas tenue de réparer le préjudice de ses agents, elle les choisirait parmi les insolvables et le recours des parties lésées serait illusoire.

5° L'Etat serait impuissant pour réparer les préjudices résultant des faits des gouvernants. Ce préjudice est involontaire, disent les autoritaires, il est causé par une personne qui n'en profite pas, il pèse sur les particuliers et non sur la nation.

Ces objections proviennent des principes socialistes, nous les avons déjà réfutés. Pour bien juger il ne s'agit que d'avoir du caractère, un bon jugement et d'être éclairé. Avec un bon personnel judiciaire, les responsabilités seront bien restreintes. Elles n'atteindront pas les économies qui seront faites par les réformes. Si celles-ci avaient existé, le budget ne serait pas si lourd. Une responsabilité partagée est bien plus légère.

6° Les arguments contre la séparation libérale des pouvoirs consistent à dire que ceux qui sont chargés de gouverner sont seuls aptes à apprécier les difficultés d'exécution, que cette séparation peut amener des conflits de pouvoir.

Nous avons déjà réfuté la première objection en démontrant que personne ne devait être juge et partie.

La séparation libérale des pouvoirs existe en Angleterre (1), où les juges ne reconnaissent pas l'omnipotence du parlement. Ils se réservent la faculté de contrôler si la loi n'est pas subversive du droit, si elle est exécutable ; ils n'admettent pas les tribunaux d'exceptions qui ont pour effet de rendre la même personné juge et partie. Les conflits d'autorité sont rares. Le parlement, se sentant contrôlé, est prudent et réservé dans la confection des lois. Ensuite l'opinion publique, qui est toujours suivie, finit par avoir le dernier mot au moyen de ses journaux, de ses pétitions

____

(1) *Les Constitutions d'Europe et d'Amérique,* par M. E. Laferrière, revues par M. Batbie, professeur à la Faculté de droit de Paris.

et de ses réunions ; les discussions, loin de jeter de la déconsidération sur les lois, les rendent plus considérées, plus respectées ; le peuple sait qu'il est protégé par les magistrats contre les abus de ses gouvernants.

Ces principes ont été transportés par les colons dans les constitutions des États-Unis d'Amérique (1), où ils sont aussi pratiqués sans conflit.

7° Les objections, pour le maintien de la tutelle administrative, consistent à dire que la gestion des affaires communales et départementales sera entravée par les rivalités et par les passions locales, par la dilapidation des deniers communaux.

Elles sont toujours les mêmes sous d'autres formes : l'incapacité du peuple français. Cependant l'autonomie administrative est réclamée pour la Bulgarie. Le Bulgare est-il plus éclairé, plus intelligent que le Français ? Les rivalités et les passions pourraient être vexatoires si elles avaient pour résultat d'influer sur les actions des citoyens, mais dans ce cas elles se trouveraient bientôt réprimées par la magistrature : elles ne peuvent dégénérer en troubles sérieux. Elles tiennent au contraire la nation en haleine pour sa sécurité et la conservation de ses droits.

Les contribuables, qui gèrent leurs affaires, nomment leurs administrateurs, qui votent les dépenses annuelles qui sont contrôlées par d'autres délégués. Ils ont intérêt à faire de bons choix. S'ils se trompent, le mal ne peut être grand en raison de la courte durée du mandat.

L'emprunt est une exception, il n'a lieu que dans le cas

(1) En France, la question de savoir si le mandat des conseillers généraux existe encore pour la session du mois d'août est tranchée par le pouvoir exécutif ; en Amérique elle aurait été appréciée par le pouvoir judiciaire.

de force majeure et de travaux productifs dont les produits amortissent les intérêts et le capital.

La plupart des communes de France ne possèdent pas la propreté et la salubrité nécessaires, les moyens suffisants pour l'instruction primaire ; cependant elles se sont obérées pour des dépenses improductives que les contribuables n'auraient pas faites s'ils avaient fait eux-mêmes leurs affaires.

L'administration des fonctionnaires avec ses formalités est une grande entrave à une bonne gestion ; il suffit de prendre un exemple entre des milliers : une commune manque d'eau potable ; elle veut amener dans le village l'eau d'une source qui est sur son territoire. Le prix des travaux s'élève à cinq mille francs, le produit annuel des vingt centimes dont elle peut disposer s'élève à six cents francs, elle est obligée de recourir à un emprunt. Il a fallu deux années d'allées et de venues de la commune au percepteur, à la sous-préfecture, à la préfecture, au conseil des bâtiments, pour faire remplir les formalités à l'effet d'arriver à l'autorisation des travaux et de l'emprunt. Que de démarches, que d'écritures inutiles n'a-t-il pas fallu faire ! Les appointements représentant le temps employé dépassent le prix des travaux. Tels sont les résultats de cette belle centralisation tant admirée par nos révolutionnaires.

XI.

LES VOIES ET MOYENS POUR FAIRE UTILEMENT LES RÉFORMES.

Il existe deux méthodes pour faire les réformes, l'une procède de la théorie à l'application, l'autre du particulier au général.

Le progrès politique consiste à donner à l'homme la plus grande somme de bien-être et de sécurité possibles, dans l'amélioration du mécanisme politique et de son produit ou de la facilité de soumettre les choses à l'homme.

Il dépend de la nature des choses, du sentiment et même des préjugés publics. L'opportunité de son application n'est pas réglée par des principes, mais par le tact, l'intuition, l'observation et les circonstances. Il est toujours entravé par les conservateurs qui sont les satisfaits, et redoutent la concurrence des nouveaux arrivants, ce sont les plus mauvais citoyens ; par leur égoïsme et leur ignorance, ils arrêtent tout mouvement ; cet arrêt cause la dégénérescence et la ruine des nations.

La méthode de la théorie à l'application est exercée sous plusieurs formes ; les uns limitent leur radicalisme dans la simple suppression des lois ou des procédures entravantes, d'autres dans un simple changement du personnel gouvernemental et administratif, tels que les Romains et les Français. Le radicalisme, portant sur des mesures spéciales, n'est pas un principe qui puisse être représenté par un parti. Tel peut être à la fois radical pour une réforme, conservateur pour combattre une autre proposée, et réactionnaire pour faire rapporter une troisième admise. On est souvent radical en théorie pour combattre le pouvoir existant et conservateur lorsque l'on devient gouvernant ; cela tient souvent au manque d'idées des arrivants. Sous l'empire, l'union libérale était radicale en réclamant le *self government*, c'est-à-dire l'autonomie ou la décentralisation administrative. Cependant le parti républicain s'est borné à se substituer dans les pouvoirs impériaux au quatre septembre, le parti conservateur à remplacer ses devanciers en 1871.

Le fait du 16 mai 1877 est une expérience de plus, qui justifie que la puissance ne peut être exercée par deux pouvoirs (1) sans se combattre. Il caractérise parfaitement l'esprit des partis qui veulent dominer. Il a pour effet de replacer la lutte électorale entre l'Etat et la religion ; l'avantage restera aux révolutionnaires, cela n'est douteux que pour les aveugles. Le triomphe est entre les républicains et les bonapartistes, entre la tyrannie polycéphalique et la tyrannie monocéphalique. L'alliance des césariens et des cléricaux se comprend, la manière de gouverner de ces deux partis se ressemblant assez ; l'un agit au nom de la Providence et de la plèbe, l'autre en celui de la Divinité. Celle des légitimistes et des orléanistes avec les bonapartistes s'explique par la raison que les premiers ont perdu tout souvenir de leur origine, qu'ils ont abdiqué tout principe libéral pour revêtir l'esprit césarien et clérical. Les royalistes, par leur position sociale, par les souvenirs de leur ancienne grandeur et des services rendus, étaient à même d'exercer une grande influence sur les destinées de la France. Au lieu de combattre le mouvement révolutionnaire, s'ils l'avaient dirigé, modéré dans les réformes libérales, s'ils avaient imité la noblesse anglaise, ils auraient évité à leur pays bien des calamités. Aujourd'hui, ils peuvent encore lui rendre d'immenses services ; qu'ils se souviennent des idées du droit naturel défendues par leurs ancêtres contre la royauté ; qu'ils réclament un 89 politique pour débarrasser la France des institutions tyranniques créées par Bonaparte ; qu'ils s'allient aux républicains, tout en combattant leur esprit autoritaire, qu'ils parviendront vite à détruire.

(1) Il n'existe que deux pouvoirs : le pouvoir législatif, exercé par les deux Chambres ; et le pouvoir exécutif, exercé par le président de la République, cumulant le judiciaire et l'administratif.

L'empire leur laissera la passivité ou une activité servile.
Avec la république, ils établiront l'autonomie administrative et un instrument libéral de gouvernement ; ils reprendront l'activité protectrice qui leur rendra leur influence.
Si la forme républicaine ne pouvait résister à l'assaut des
factions, ils auraient l'espérance d'écarter le césarisme et
de rétablir une légitimité limitée par le droit du père de
famille.

On applique la première méthode aux époques de grandes
crises. Alors les gouvernés et les partis sont plus passifs, se
trouvant dans l'impossibilité d'agir ou comprenant que des
mesures extraordinaires sont nécessaires.

La méthode du particulier au général est pratiquée en
temps ordinaire. L'homme est routinier de sa nature. Il ne
saisit l'utilité que par le résultat ; il est rebelle aux réformes, qui, il est vrai, ne réussissent que s'il existe des
praticiens assez habiles pour les appliquer.

Cela posé, les premières réformes à faire sont faciles à
indiquer et à pratiquer. Elles consistent à dépouiller les
maires de leur quadruple fonction, à leur laisser la gestion
administrative, la publication des lois, la confection des
actes de l'état civil, des listes électorales et du recrutement ;
à conférer à deux autres personnes les fonctions exécutives
et judiciaires. Cette mesure sera accueillie avec faveur ; elle
satisfera trois ambitions au lieu d'une ; elle permettra de
créer un sectionnement qui transformera le canton en commune sans la tutelle administrative.

Ces deux réformes en appellent une troisième : le retrait
aux préfets des fonctions législatives, judiciaires et administratives. Ces dernières seront exercées par les conseils
généraux dans les limites du droit commun.

Ces réformes administratives ne réussiraient pas sans

des réformes dans l'organisation de la magistrature. Avec l'organisation actuelle, l'accès du juge est difficile, hérissé d'entraves, et onéreux à tel point, que les honnêtes gens s'en éloignent et font abandon de leurs droits aux audacieux. Les juges siégent à certains jours et à certaines heures. Ils ont une compétence limitée; ils ne sont saisis que par des actes de procédure ; ils ne recherchent pas la preuve du fait, qui leur est prouvé sur leur siége. Le plaideur court le risque de se ruiner pour découvrir le juge compétent, s'il y arrive, car chaque juge est loin d'être fixé sur l'étendue de sa compétence. La première réforme à faire est de faciliter l'abord du juge. Pour cela, il suffirait d'établir par trois ou quatre cantons, suivant les rapports d'intérêts et les facilités de communication, un magistrat devant qui les parties pourraient se présenter volontairement, qui leur aiderait à établir le fait, qui les concilierait ou leur désignerait le juge compétent, qu'il soit de la juridiction civile, commerciale, pénale ou administrative, de façon à débarrasser les plaideurs de la charge de chercher un juge et à se perdre dans le dédale des procédures.

Cette mesure servirait d'école aux magistrats pour s'instruire dans la connaissance des sciences sociale, politique, économique et dans la pratique des affaires. Elle aplanirait les difficultés qui font obstacle à la réforme.

Une autre mesure provisoire et urgente est aussi à prendre. Elle consiste dans la création d'une juridiction pour apprécier contre l'Etat le préjudice causé par les erreurs judiciaires, qui sont un outrage à la morale lorsqu'elles ne sont pas réparées. En l'état de la législation, le recours est fait au supérieur hiérarchique, le ministre, qui n'y fait pas droit. Celui au conseil d'Etat est trop onéreux, trop entravant pour être pratiqué ; celui à l'assemblée législative est illusoire, parce qu'il est renvoyé au ministre. La prise à partie est sans garantie. Son exercice est barré par les conditions imposées et les entraves de la procédure (1). Ce tribunal aurait son personnel prêt avec toutes les aptitudes voulues ; il siégerait une fois par an au chef-lieu des cours d'appel ; il serait composé de douze juges, qui seraient tirés au sort parmi les officiers ministériels et les avocats exerçant depuis dix ans, et qui choisiraient un président parmi eux.

Les circonstances présentes justifient une autre mesure provisoire, la suppression des traitements des préfets, des sous-préfets, des conseillers de préfecture, de la magistrature debout et des juges de paix. Chaque parti qui arrive au pouvoir les nomme ou les déplace en raison de leurs services électoraux, et non en raison de leur capacité et des services qu'ils doivent rendre au public, dont l'intérêt est de s'exonérer des charges, puisqu'il n'en a pas les avantages. Les fonctionnaires préfectoraux, par leur origine, par leurs occupations, sont devenus étrangers à l'administration ; ils sont une entrave à sa bonne direction.

La magistrature debout ne rend aucun service dans les causes civiles. Elle ne contrôle pas si les juges et leurs délégués, experts, notaires, appliquent les lois et les règlements, s'ils expédient les causes dans les délais utiles. Les affaires sont élucidées autant qu'elles peuvent l'être par les avoués et les avocats ; leur avis est sans utilité, d'autant qu'il porte sur l'un des systèmes invoqués et non sur des idées nouvelles ; il est souvent dangereux, les parties ne pouvant les réfuter. Les juges doivent être assez éclairés pour s'en passer.

____

(1) Articles 505 et suivants, C. p. c. Cass., 6 juillet 1858.

La police peut la remplacer avantageusement dans les causes publiques. La répression serait plus paternelle. Les commissaires de police, une fois dépouillés de leur caractère répressif, seraient considérés et respectés; ils auraient plus d'aptitudes que les magistrats pour soutenir les poursuites devant les tribunaux.

Si l'on emploie les juges de paix à la police politique, leur personnel se recrutera parmi les médiocrités et les incapacités, d'autant que leur traitement est insuffisant. Le petit capital ne se trouve plus protégé.

Dans toutes les nations, il existe des citoyens qui, arrivés à la fortune, prennent du repos, ou qui ayant une fortune héréditaire, désirent occuper leurs loisirs à faire profiter leurs concitoyens de leur lumière et de leur expérience ; ils consentent à occuper des fonctions si celles-ci ne sont pas rétribuées, si elles peuvent être remplies sans abaissement de leur caractère. Dans les pays de *self government*, les fonctions qui nous occupent leur sont réservées. Dire qu'il faut salarier tout service public pour faciliter les intelligences est une utopie, est contraire à la nature des choses ; c'est là un moyen employé par la démagogie. Il procède de la confusion que l'on fait entre le protecteur et l'agent. Que celui qui n'a pas de fortune commence par en acquérir pour montrer sa capacité ; il peut, s'il a les aptitudes pour cela, servir l'Etat comme agent et économiser. Les services des agents sont grandement rétribués, ceux des protecteurs ne le sont pas; le salaire distingue ces deux catégories.

Si cette mesure n'est pas présentée dans les premiers jours de la prochaine session, c'est que la nouvelle Assemblée ne comptera aucun libéral parmi ses membres. Son adoption n'aura lieu que sauf les droits acquis qui se convertiront en une indemnité pour les fonctionnaires qui y ont droit, soit dans le maintien de leur place, ou dans l'occupation d'un autre emploi. Elle sera un frein aux ambitions malsaines. Le parti républicain est plus à même que les autres de la faire réussir, son parti comporte le personnel voulu ; elle sera appuyée par les royalistes, dont les traditions sont pour son exercice, et repoussée par les démagogues ou partisans de l'omnipotence populaire ou d'un seul avec l'appui de la multitude.

Le difficile n'est pas d'indiquer des réformes, mais de les faire appliquer. Il faut d'abord les faire convertir en lois par le pouvoir législatif, dans lequel ont régné jusqu'à présent les partis autoritaires. Il n'est pas à supposer que nos hommes politiques abdiqueront volontairement leurs traditions, leurs principes et leurs idées. Les électeurs, qui sont les maîtres, doivent formuler un programme de réforme, l'imposer aux candidats, leur faire promettre de présenter un projet de loi dans les deux mois de leur nomination, de le renouveler à chaque session. Ils adresseront pétitions sur pétitions au Sénat et à l'Assemblée nationale. Ils porteront les élections municipales et départementales sur le terrain de la décentralisation administrative. S'ils savent s'entendre, ils parviendront en 1880 à prendre possession de la gestion de leurs affaires et à se débarrasser de la tutelle de leurs fonctionnaires et de leurs mandataires.

Les hommes qui peuvent soutenir les réformes ne sont pas aussi difficiles à trouver que l'on voudrait bien le dire. Ceux qui ont la facilité de s'assimiler les idées des autres ont toute l'aptitude nécessaire. L'inventeur a besoin pour la création de son œuvre de se servir d'un praticien qui sache tirer parti des idées qui ne sont qu'à l'état théorique. Il suffit de chercher ces praticiens ; il n'est pas toujours avantageux d'attendre les offres.

Le grand obstacle aux réformes est l'ignorance en matière politique. Elle est si grande en France, que le parti de l'omnipotence de l'Etat sur la religion et la famille, ou le despotisme légal, est considéré comme étant le parti libéral. Il faut que cette confusion disparaisse, que les électeurs reconnaissent que les hommes de 92, de 1830, de 1848 et 1870 sont des partisans du gouvernement autoritaire comme leurs adversaires, qu'il n'existe entre eux que de simples divergences dans les moyens de gouverner.

Les nations s'éclairent par l'instruction et la tradition.

L'instruction est religieuse et laïque ; elle est donnée en France dans les écoles congréganistes et dans celles de l'Etat ; les écoles libres ne peuvent être comptées, étant trop peu nombreuses.

Les doctrines enseignées par les congrégations sont l'obéissance aux canons de l'Église ; celles enseignées par l'Université sont l'obéissance à l'Etat, à la loi. Obéir aux constitutions ecclésiastiques ou civiles est toujours obéir à un ordre divin ou social. L'obéissance à un commandement, quel qu'il soit, est le contraire de l'activité libre, de l'initiative et du libre arbitre. Ces deux enseignements sont limités dans le cercle de l'esprit et de l'intérêt de la religion ou de l'Etat, ils aboutissent à la servilité religieuse ou laïque, au socialisme cléricalisant, socialisant et césarisant. Les grades, qui donnent des priviléges, sont des machines de domination et d'abaissement de l'intelligence. La famille se figure qu'il suffit à ses enfants d'obtenir le grade pour obtenir la fonction ou la position désirée, sans se préoccuper de l'intelligence, de l'aptitude ou de la capacité. Tel docteur qui se croit un grand avocat ou un éminent magistrat ne possède ni l'aptitude ni la capacité d'un troisième clerc d'avoué, aussi use-t-il son activité, qu'il pourrait mieux

employer, à solliciter et à déclamer contre la société, lorsqu'il n'obtient pas ce qu'il désire faute de protection.

Le clergé a tort de rechercher à reconquérir la domination temporelle, il doit se contenter de celle spirituelle, intellectuelle, dont le champ est assez vaste. Pour cela il faut
qu'il s'affranchisse de la tutelle de l'Etat. L'abandon des
maigres traitements qui sont alloués à ses membres ne sera
pas une perte, ils seront bientôt dépassés par les cotisations,
les adeptes seront des croyants et non des indifférents et
des hypocrites (1).

L'Etat s'occupe trop de l'instruction théorique, pas assez
des connaissances nécessaires à la vie sociale, aussi néglige-
t-il les droits sociaux et politiques, les moyens de les pratiquer, l'économie politique et domestique et l'instruction
professionnelle. L'école doit avoir surtout pour objet l'art
d'apprendre. Beaucoup de membres éminents de l'Université reconnaissent le vice des méthodes appliquées qui ont
pour base l'égalité intellectuelle ; ils ne sont pas écoutés,
l'enseignement est trop dominé par la politique. La réforme
la plus utile serait sa liberté par l'abolition du privilége des
grades universitaires.

La tradition s'acquiert et se conserve par la pratique.
Les séances des conseils communaux sont à huis-clos. Les
contribuables connaissent par la rumeur publique les fonds
et les gros emprunts votés pour des dépenses nuisibles ou
improductives ; tout est fait suivant les règles du guide-
âne et non suivant les besoins, les nécessités et la nature
des choses. L'esprit public tend à prolonger les mandats et
à les renouveler, tandis qu'il faudrait les abréger, rendre

_____

(1) Les évêques éminents étaient opposés au Concordat, lors de sa
formation.

les membres sortants non rééligibles, de façon à initier les contribuables à la gestion de leurs affaires.

L'instruction des affaires départementales et générales est aussi secrète (1) ; sa publicité éclairerait davantage les citoyens que la discussion publique, qui a le caractère plus théorique que pratique.

Les juges devant appliquer les lois, les plaidoieries ont pour objet de faire une exposition imaginaire du fait, de façon à démontrer la bonne foi de l'une des parties et la mauvaise foi de l'autre, d'établir le sens de la loi par l'avis des auteurs et par la jurisprudence ; les avocats ne traitent pas les hautes questions de philosophie sur les droits politiques et privés, ni les principes de morale et d'économie politique, aussi les tribunaux sont des écoles de législation et non de droit et de morale, et ne réflètent que l'enseignement des écoles de droit de l'Université.

Pour traiter une question, il faut exposer le fait contrôlé, rechercher la loi applicable, vérifier si elle est contraire au droit, apprécier suivant les cas admis, démontrer les vices et indiquer les remèdes, ou, s'il ne s'agit que d'une mauvaise mesure, la critiquer et établir celle qui doit être prise; ce mode demande des connaissances, de l'expérience et du travail. L'argument personnel et qualificatif est plus facile, plus prompt. Traiter une personne de malhonnête, d'inintelligente, qualifier un fait d'immoral ou d'illicite est bien plus facile que de démontrer la malhonnêteté, l'inintelligence, l'immoralité et l'illicité. Les journaux ont trop l'habitude de traiter les questions publiques par ce dernier procédé ; ils n'instruisent pas, ils passionnent le lecteur.

(1) En Angleterre, les réunions des commissions locales sont publiques.

Exemple : ils ne portent pas, dans l'affaire du colportage et de la vente des journaux, leurs discussions sur le droit, sur la licité de la défense du colportage, sur les attributions législatives des préfets, sur la mesure à prendre pour se garantir, mais simplement sur la légalité du fait, sur les inconvénients qu'ils en éprouvent et sur la personne de l'auteur de l'entrave.

Les réunions publiques et privées, qui sont un mode d'instruire les peuples dans la pratique de leurs affaires, qui produit l'urbanité dans les rapports des hommes, ne sont pas permises en France. Les entraves édictées dans la loi du 10 juin 1868 équivalent à une prohibition pour les penseurs, pour les hommes instruits, prudents et éclairés. Elles sont tentées par les audacieux, les ambitieux, et pratiquées par les soudoyés du parti qui a intérêt à les rendre impopulaires.

Les peuples des républiques anciennes, surtout le peuple athénien, avaient l'habitude de passer leurs soirées dans les rues, devant leurs portes. Là ils discouraient sur les affaires publiques, ils discutaient les questions qui étaient à l'ordre du jour dans les assemblées populaires ; qui étaient pendantes devant les tribunaux. Les enfants assistaient à ces conversations, ils accompagnaient souvent leurs pères aux délibérations publiques ; ils apprenaient par les yeux, par les oreilles la pratique des affaires publiques, c'est ce qui a fait dire que les cordonniers d'Athènes, sachant à peine lire, en auraient remontré aux conseillers de nos cours souveraines sur les questions philosophiques, économiques, sociales, politiques, administratives et juridiques.

La nation française manque encore de ce mode d'instruction. Elle mène une vie moins publique, plus retirée. Ses réunions, plus intimes, composées de personnes qui partagent les mêmes idées, n'instruisent pas faute d'une contradiction sérieuse. Les conversations roulent sur les appellatifs et les qualificatifs. Les expressions usitées sont si malsonnantes, qu'elles ne peuvent être imprimées ; chaque parti s'accuse réciproquement de malhonnêteté et d'indélicatesse ; celui qui occupe les places se figure être spolié lorsqu'il les perd.

Le vœu par lequel nous avons terminé notre premier essai sur les réformes judiciaires n'a pas été exaucé. Celui que nous allons faire le sera-t-il davantage ? Les électeurs vont être appelés à se prononcer sur le fait de savoir s'ils se sont trompés en 1876. La lutte est encore entre la monarchie et la république ; mais quelle monarchie, quelle république sera établie ? En présence de la division des partis, aucune monarchie ne peut naître sans effusion de sang ou sans emprisonnement et sans transportation ; celle qui naîtra aura une courte durée. Une république autoritaire ne subsiste qu'avec un gouvernement aristocratique ou oligarchique. Elle est incompatible avec le suffrage universel. Nos institutions politiques sont constituées pour le fonctionnement du gouvernement tyrannique ; si elles ne sont pas réformées, la république n'a aucune chance de durée. Que les électeurs, afin d'écarter toute équivoque sur leurs intentions, formulent un programme, qu'ils affirment leur ferme volonté de fonder un gouvernement fonctionnant d'après les principes du respect du droit, de la morale naturelle et de la justice. Si nos pères ont obtenu des réformes sages et libérales en 89, c'est qu'ils avaient formulé leur volonté sur des cahiers et l'avaient imposée à leurs mandataires.

33

www.ingramcontent.com/pod-product-compliance
Lightning Source LLC
Chambersburg PA
CBHW061257060726
47596CB00002B/639